ベストプラクティスを吹き飛ばせ

Monitor Deloitte
ジェフ・タフ＋スティーブン・ゴールドバッシュ＝著
モニター デロイト
藤井 剛＋中村真司＝訳

Detonate

FIRST
ファーストプレス

Detonate
by
Geoff Tuff and Steven Goldbach

はじめに

仕事に満足している人がいる。

仕事を嫌がっている人もいる。

そのどちらであっても、ある時、何かをしていてこう考えることがないだろうか。

「一体なぜこれをしているのだろう。これがどんな価値をもたらすのだろう」と。

実績ある大手の老舗企業で、出来上がったビジネスモデルをもつ企業に勤めていると、かなり頻繁にそう考える可能性が高い。

数えきれない人が毎朝出社し、先人たちがやってきたことをその通りに行う。

会社のルールだし、従うしかないと思う人がほとんどかもしれない。時間の無駄とか、ちょっとだけ惨めに感じる程度のことであれば、大した問題ではないかもしれない。

一方で、盲目的に（先人たちがやってきたことが詰まった）プレイブックに従い続けると、平均的な企業は存続の危機に繋がる時代に、私たちは突入している。

Detonate（爆破）はこのような問題に対する私たちの解決策である。

日本語版の発刊にあたって

未だかつて、ビジネス書で*Detonate*（爆破）という言葉を多用する書を見たことがあるだろうか。

戦略コンサルタント、またデザイン・イノベーションエキスパートとして米国で数々の成果をあげてきた米国モニター デロイトの著者2名が、なぜこのような言葉をとりあげたビジネス書を著したのか。本書を手に取っていただいた読者に向けて、少しだけ補足させていただこう。

経営者の目の前にはいま、2つの大きな潮流が迫っている。1つはデジタルテクノロジーの民主化・浸透を契機としたビジネスモデルや産業構造の大変革、いま1つはパリ協定やSDGsがもたらした社会価値を競争戦略に織り込むCSV（Creating Shared Value：共通価値創造）への経営構造の大変革（*）だ。

このような時代に、これから10年先の経営環境のあり姿をいまから見通すことは不可能に近い。むしろ変化を予測するのではなく、自ら未来を切り開く経営が求められている。いまこそ変革のリーダーシップを発揮できる経営者が求められているのだ。

多くの日本企業においても変革機運は高まっている。デジタルトランスフォーメーション（DX）や破壊的イノベーションなどのキーワードが、経営方針説明にも多く含まれるようになった。さまざまな構造改革プロジェクトが組成され、実行されている。

しかしながら、プロジェクトの現場の実態は、全社にインパクトを与えるようなビジネスオペレーションの抜本的な改革やビジネスモデル革新、あるいは次世代を担いうる新規事業の立ち上げなどに相当する期待成果には程遠い企業が圧倒的に多い。ともすると「変革疲れ」が見え隠れする企業がかなり増えてきていることも懸念される。

本書は、このような大いなる変革期にある企業の経営幹部に向けて、DXやイノベーションなどの経営変革プロジェクトに取り組む前提として、「初心に帰る」ことを促し、経営の在り方自体を内省するきっかけを提供することを企図した書と言える。

先進企業の取り組みや過去の成功体験を未だに「ベストプラクティス」の1つとして重宝し、時代遅れの経営にとらわれたままでは、どんな変革プロジェクトに取り組んでも大きな果実は得られない。ベストプラクティス思考を吹き飛ばし、自社の経営上の「正説

（Orthodoxy）」を疑い、不要ならそれごと変革することが必要だ。

たとえば本書には、「失敗を奨励することを止めよ」というメッセージがある。新しい挑戦を促進するために失敗を奨励せよ、というのは一見ベストプラクティスのようなアドバイスであり日本でも昨今よく耳にするが、そのまま鵜呑みにしてよいのか。本書を読み進めることで、このメッセージの意味するところをぜひ確認してみてほしい。

また本書は、戦略コンサルタントとしても初心に帰り、新たな挑戦をしている書でもある。経営の根幹に変革のメスを入れる視座に*Detonate*（爆破）という一見場違いな言葉を選択したり、分析的な図表ではなく風刺画的イラストを多用したり、あえて答えのない問いを立てSNSでの議論喚起を訴えているのも、その一環である。

なお1つ救われるのは、このような企業変革の根本課題を憂う状態が、よく言われるような日本企業特有のことではなく、米国をはじめとするグローバル企業でも同様であることを認識させてくれることだ。これはある意味、自ら変革のリーダーシップをとることができれば、日本企業にもまだまだこの変化の時代の先に大いなるチャンスがあることを期待させてくれる。本書の問いかけが、日本企業の経営者が変革に立ち向かう際に背中を押す一助になれば幸いである。

最後に、株式会社ファーストプレス 代表取締役社長 上坂伸一氏、DIAMONDハーバード・ビジネス・レビュー 編集長 大坪亮氏、株式会社アークコミュニケーションズ代表取締役社長 大里真理子氏 およびスコフィールド素子氏 には、原著に関する議論から日本語版発刊の企画・実現まで、多大なるアドバイスをいただいた。またデロイト トーマツ コーポレート ソリューション ブランド マーケティング&コミュニケーション担当の野地由希子氏には紆余曲折の制作プロセスの中でいつも変わらぬサポートをいただいた。その他多くの社内関係者から温かいご支援をもらった。結果として企画から1年余を経てようやく本書を具現化できたことに、ここで心から感謝を申し上げたい。

また、DXやイノベーションなどの名前を冠した書籍が数多ある中で、本書の意義深さを認識し日本語版発刊までこぎつけられたのは、わたしたちはじめ日本におけるモニターデロイト ジャパンの戦略コンサルタントが、日々現場で企業変革に一緒に取り組み、われわれを「同志」と認識くださっている日本企業のCXOおよび経営幹部の皆さまとの時間が背景にあったからこそだった。ここでは具体名は伏せるが、これまでの多くの出会いとご縁に感謝申し上げたい。

原著者の1人であるスティーブ（**）には、日本語化にあたり多くのアドバイスと日本企業へのメッセージを議論する機会をもらった。モニター デロイトのグローバルプラクティスリーダーであるジョナサン グッドマンには、日本でのモニター デロイト立ち上げ前から、モニター デロイトの広範なグローバルネットワークと豊富な知見を日本市場に提供するための多くの支援をもらってきた。心から感謝するとともに、引き続き共に研鑽し、過去のモニター デロイトとしてのベストプラクティスをも初心の下に吹き飛ばしながら、これからの新たな社会・産業・企業創りをリードするグローバルファームであり続けたいと願う。

2019年9月30日

訳者：モニター デロイト　藤井 剛、中村 真司
東京丸の内のオフィスにて

モニター デロイトとは

モニター デロイト（Monitor Deloitte）は、世界最大のプロフェッショナルファームとしての豊富な企業変革実績と、世界有数の企業、ＮＧＯ、政府機関等との幅広いネットワークを有するデロイト トゥシュ トーマツ リミテッド（本編ではデロイトと表記）と、マイケル E. ポーター教授に代表されるハーバードビジネススクールの教授陣によって設立されたモニターグループとの間での効果的なシナジーが実現し、先進性・専門性・独自性の高い戦略コンサルティングを世界で提供している。

本書は、デロイトの戦略コンサルティング部門であるモニター デロイトが、グローバルに有する、幅広い知見・ネットワークおよび先進事例をもとに産まれたものである。

＊　本書では２大潮流のうち主に前者のデジタルによる変化のインパクトをいくつかの視点でとりあげている。後者の社会価値に関する変化のインパクトについては、「SDGsが問いかける経営の未来」（日本経済新聞出版社　２０１８年12月）にまとまっているので参考にされたい。

＊＊著者の１人であるスティーブが、原著出版直後に来日した際のインタビュー記事も参照することをお勧めする。「イノベーションを促す思考法に転換する」（ハーバードビジネスレビュー Web 2018年7月）
https://www.dhbr.net/articles/-/5418

目次◉ベストプラクティスを吹き飛ばせ◉

第II部　プレイブックを破壊せよ

第 I 部

導火線に火をつけろ

第1章 一触即発：常識という名の危険なルール

私たち2人は1970年代〜80年代に野球を見ながら育った。当時の試合はいまとはかなり違っていた。実は野球の誕生以来ほぼずっと、監督はノーアウトであれば犠牲バントで走者を一塁から二塁に進めるのが常であった。

バント作戦はいつから始まったのだろうか。はっきりとは言えないが、野球の黎明期（1900年以前）ではないか。当時の野球道具はいまほど優れていなかったため、ホームランが出るのは稀だった。ということはホームランや長打で「まとまった」点数が入る可能性は低いということだ。そのうちに、バントを選ぶことは監督にとって常識になった。いわば無意識に選択するデフォルト・オプションである。とにかくバントさせるのだ。バントを指示しなかったら、野球担当記者にこきおろされ、監督をクビになる恐れもあった。バントをすれば、理論的にはシングルヒットで得点が挙げられる得点圏、すなわち二塁に走者を進めることができるというのがロジックだった。打者がアウトになっても、走者を二塁に送れば、得点に結びつく可能性は高まる。これは野球の誕生以来ほぼずっと、選手の能力や試合の性格が根本的に変わりつつあった時期でさえ、主流の考え方だった。やがて強打が増えると、バントの機会費用（バントをしたことにより、より多くの点数を得る可能性を失うこと）が高まった。また投球数が注目され、たくさん投げさせてピッチャーを疲れさせ、早い段階で交替させる作戦は、バントは投球数が少ないうちにするのが最も効果的という考え方とは相容れなかった。それでもバントを続けた（注1）。

その後、オークランド・アスレチックスのゼネラルマネジャーであったビリー・ビーンと彼のチームは、野球を専門とするスポーツライターで統計データを用いた分析で有名なビル・ジェームズが提唱した概念を実践しようと決めた。ジェームズは、バントは得策だという見方を否定していた。オークランド・アスレチックスは、アウトは貴重であると考えた。3人がアウトになれば1イニング終了なので、たった1点挙げる可能性のために1人をアウトにすること、すなわちキャパシティの33%を放棄することは理にかなわない。彼らは統計的分析を使い、確率的にみてバントで得る可能性のある点数は、他の方法より低いことを示した。当時の人々はこの考え方をけなした。ところがこれが奏功し、オークランド・アスレチックは勝ち始めた。マイケル・ルイスの『マネー・ボール』によってこの話は広く知られるようになった。同名の映画で、（ブラッド・ピットが演じた）ビリー・ビーンは、これを、賭けでたんまり儲かった場合になぞらえている。

なぜ100年も経ってからバントを否定する戦略に切り替えたのだろうか。よくあることだが、必要は発明の母だった。オークランド・アスレチックスには実績のある選手と契約するだけの財力がなかった。そしてビーンは他球団と同じ戦略をとっていたら、パッとしない成績に終わるのが関の山だと気づいた。彼には失うものはなかった。誰も彼に期待していなかった。つまり状況を分析し、「なぜこんなことをしているのか、なぜこんな風にしているのか」と尋ねるための必要条件が整っていた。返ってきた答えはさまざまだったが、要はこうだった。「いつもこうしてきたのだから」。

「いつもこうしてきたのだから」という答えが返ってきたら、習慣的な決定や選択を支配している考え方、すなわち常識の問題なのだということがわかる。人はこのような行動のロジックに疑問を投げかけるのを怠りがちだ。それは無意識の選択であり無難な方法に過ぎない。しかし常識とされる行動は、その起源となった理由から隔たれば隔たるほど問題が発生する。ほぼ100年にわたって野球で使われてきたバントがその好例だ。

バントを指示する監督のように、習慣から出た決定を下す人は、行動を1つの選択肢とは見ず、ルールとして扱っている。しかし野球には、ノーアウトで一塁に走者がいたらバントしなければならないというルールなどはない。同じく、最終イニングではクローザー（抑え投手）を使うべきだとするルールもない（ごく最近テリー・フランコーナなどの監督は、勝つか負けるかの瀬戸際であれば早い段階でも抑えの投手を使い始めたが）、野球には一連の明確なルールがある。それは野球の誕生以来ほとんど変わっていない。ルールブックには、その枠組みにおいて合法なものすべてが規定されている。何をしていいか、いけないかの定義だ。試合の目的は、相手より優位に立って多くの得点をあげることだ。その目的のためであれば、ルールに従う限り何を試みてもまったく公正だ。それなのに、またしてもバントをさせる監督。ついつい決まりきったベストプラクティスに従っているのだ。

ルールとは、目的を達成する方法を支配するものである。スポーツでは、選手が競い合う境界を規定するのはルールブックだ。多くの業界で何ができ、何をしてはならないかを大まかに規定するのは規制や法律である。しかしほとんどの場合、スポーツと同じく、企業のマンデート（委任された権限）は比較的大まかなものである。それでもなお常識が足かせとなり、創造性を発揮することを妨げている。我々は、常識は正しい行動であると見なすが、なぜそれをするのかをじっくり考えずに行っていることが多々ある。いつもそうしてきたからだ。無意識のうちに考えずに選択しているのだ。

本書は、あなたの会社に浸透しているそれらのベストプラクティスを手遅れになる前に吹き飛ばすことに関する本である。本書の主な目的は、現代社会の変化に照らして問題視すべき従来の企業行動に気づき、これまでとは異なるやり方を見出せるようにすることだ。事例のなかには、ありふれた状況を漫画チックに描いたものもあるが、赤裸々かつ時には面白おかしく写し出すことにより、読者が日常生活に戻ってもそれらが記憶にくっきりと残ることを願っている。

組織は何時間もかけて、どのようにベストプラクティスを実践すべきかを討議する（実践すべきか否かの討議ではない）。そして、そのすべてを実践するのだから、顧客を勝ち取ることができると自らに言い聞かせる。実際には、ベストプラクティスの概念を考えてみれば、本質的にライバル会社と同じことをしているに過ぎないことになるのにもかかわらず。

本書のタイトルはさておき、私たちが問題にしているのはベストプラクティスそれ自体ではない。問題は、その過程で起こる思考停止にある。ベストプラクティスのなかには、形成された時点で優れていても、一般に広まった際にうまく適用できないものもある。ある状況においては賢明なものでも、（現在多くの企業にとってそうであるように）状況が変わると、時間とお金の無駄となるため、放棄する必要が出てくるものもある。また、当初は賢明だと思えたのに、実際に経験してみるとそうではないことが判明するものもある。

それらに共通して言えるのは、ベストプラクティスに従うのが鉄則である状態から、ベストプラクティスが問題解決のために考えられるいくつかの方法の1つしかない状態へと変えて行く必要があるということだ。

野球でバントが正しいことが証明できる時代もあった。多くのベストプラクティスも同じだ。しかしバントがなぜ合理的なのかの論拠がはっきりしない場合も、疑問は呈されなかった。それは「やるしかない」になり、バントするのがルールとなって柔軟性を失い、疑問を抱いてはならない「正説（Orthodoxy）」になった（正説については本章の後半でさらに説明する）。なぜ無意識にこれを選択したのかを振り返って分析するマネジャーはほとんどいなかった。従わない者は「ルール違反者」とされた。

しかし重要な点がある。彼らは「ルール」を破ったのではない。彼らが破ったのは慣習に過ぎない。それは危険な動きのように感じられるかもしれない。しかし私たちが本書でしようとしているのは、まさにそれだ。あなたの会社のベストプラクティスを明らかにし、それを打ち砕くことだ。規模の大きな企業は本書を教訓として多大なメリットを得ることができる。また新興企業や起業家も規模が大きくなるに従い、何を避けるべきかを学ぶことにより、大きな価値を見出すだろう。

私たちについて

本書は、世界で最も成功している大企業群のいくつかへのコンサルティング業務で培った50年近くにおよぶ私たちの経験が土台になっている。私たちがよく目にするのは、「常識（*conventional wisdom*）」と「ルール」の混同だ。企業はその結果、経営上の主な目的につながる明確なロジックをともなわない行動をとる羽目に陥っている。

私たちは企業の成功と失敗、発展と消滅、高揚と落胆を見てきた。私たちは、本書の警鐘が本物であること、既存の大組織で働いた経験のある読者が、その経験の一部が本書に反映されていると思っていただけると確信している。集団的愚行が自己認識できれば、それをきっかけとして世界を変え、少なくとも（あるクライアントの言葉を借りるなら）「間抜けな行動」を止めることができる。

これらの考察は私たちがコンサルティングの現場で目にしただけのことであり、思ったほど一般的には広まっていないのではないかとも懸念した。そのため、これが蔓延していることを確認するために、既存組織を対象とし、彼らが何を行っているかを理解するための調査を実施した。徐々にお気づきになると思うが、私たちは調査というものに懐疑的である。そのためその調査では、組織における行動を回答してもらうことに集中し、説明は求めなかった。約300社の回答者に「あなたの会社ではXという行動を目にしますか」などの質問をした。この調査の結果が、常識と対峙した私たちの経験とともに、本書の中心となっている。

ベストプラクティスはなぜはびこるのか

数千年間にわたり、群れに加わり溶け込むことは、生き残りのための優れた戦略だった。進化によって動物には、淘汰を進ませ、天敵を混乱させるために群がるという本能が芽生えた。「大勢なら安全」であり、似た動物が近くに複数いれば一匹の動物を捕まえるのは難しくなる。また、色や模様の組み合わせがさまざまであると、大集団のなかの一頭を別の一頭と見分けるのは困難だ。その一方で個々の安全をいくつもの目で確認すれば、全員

みんな一緒なのがうれしいのです。
TOM FISHBURNE

にとっての安全につながり、気を緩めて一息つく時間が時折もてる。群集心理はアフリカの大草原の動物に見られるが、現代の企業生活においても幅を利かせている（注2）。

それにはもっともな理由がある。たとえば使い古された言葉だが、「ＩＢＭの製品を買ったからといってクビにされた者はいない（"Nobody ever got fired for buying IBM"）」という言葉がある。

ビッグブルー（ＩＢＭ製品）を買うこと自体を問うているのではない。

では問題は何か。この言葉は、痛い思いをするのを避けたいなら無難なものを選択せよ、と暗に伝えている。しかし、無難な選択を行い痛みを避けていると、すなわち群れと一緒に草原を駆けていると、市場の中で目立ち顧客の目にとまることは難しくなる。それは長期的には災いだ。動物の世界では有効でも、産業界ではうまく行かないのだ。

もちろん無難なものを選ぶのが正しい場合もある。しかし無難な選択と最良の選択が重なる部分は昨今どんどん小さくなっている。無難な選択をすると、上司などの強力なステークホルダーに申し開きがしやすくなる。無難な選択を行うのは、人前で困惑する辛さ、愚かと見られること、さらに悪いのは「まったくずれている」と思われることを避けたいからだ。常識に従うこと、つまりバントをしたり、IBMの製品を購入することは、人間の正常な特性だが、結果、我々のためにならない。

評価を下げたくない従業員にとって、成功の公式はかなり単純なものだった。先輩から学ぶことだ。先輩から伝えられたことを常識として従うことである。そして選択を迫られたら、無難なものに賭ける。たとえ賭けたものが間違っていたとしても、そもそもあなたに常識を授け、おそらくそれと同じことをしていたであろう上司や先輩は、それを選んだからといって誰があなたを非難できるだろう。過去、世界は予測した方向にゆっくりと動いてきたので、ほとんどの場合、間違った選択は解決でき、従業員は仕事を続けていけたのだ。

もちろん多少の誇張はあるが、極端な話ではない。結局、常識が存在するのは、自己最適化と個人のリスクマネジメントのためである。その最適化の対象となるもの、すなわち目的は、個人の長期雇用であり、キャリアの成功、具体的には「Me Inc. ミーインク（ジブン会社）」の生き残り、と私たちが呼ぶものだ（これについては本書で何度か説明する）。このような個人のニーズのうえに、会社としてリスクを抑制したいというニーズ、更にはそのために必要なことすべてが覆いかぶさると、観察可能で単純だった個人の動機は、複雑に絡み合った組織の手続に転じてしまう。

常識は、「事を成す方法」がとにかく存在する、という考え方が土台になっている。社員は、暗黙の「とにかくそういうもの」である一連のルールに基づいて暮らし、呼吸し、食べ、行動している。ほとんどの場合、そのルールは語られることもなく、書かれてもいない。むしろ仕事中にメンターから教わったり、業界や会社の人がどうするかを見たりして学ぶ。時折ルールのいくつかを文章にして額に入れ、会社の会議室に飾ることもある。

ほとんどの場合、ルールはとにかく正しいと見なされる。いわば企業における集団心理である。組織の流れと先輩の直感に従っていれば、評価不良でつまみ出される可能性は低いだろう。異なる方法で事を成そうとし、ほんの少しでも群れから離れると、隣の芝生は現実には青くなかったことに気づくかもしれない。そんなことをしたら一巻の終わりだ。

産業のダイナミズムと外部性により、相対的な重要度が変わる可能性はあるものの、これらはどの企業においても中核を形成している。これらの組織的な本能から、個人のリスク緩和に相当する企業のリスク緩和が誕生する。評価が下がらないように懸命になっている従業員のように、企業も自己保全を目指すようになり、常識の究極的な表現として、作業手順、業務プロセス、ガイドラインを盛んに生み出す。

プレイブックの硬直化

企業のプレイブック、すなわち常識を明文化したものは、一から書き直す必要がある。それは数十年にわたりうまくいっていたものかもしれない。あなたも同僚もきっとそれに愛着をもっているだろう。しかしほとんどの人は、テクノロジーの進歩により、昔からあったビジネスモデルや仕事のやり方を変えるように圧力がかかっていると感じている。それを考えると、漸進的改善がいくらなされたとしても、必要な変革は起こらない。その理由から私たちは本書のキーワードに*Detonate*（爆破）を使用しようと決めた。常識、いいかえると「ベストプラクティス」に基づく重要な業務プロセスのほとんどは硬直化し、ガイドラインも過剰に付け加えられており、元々の意図や目的がほぼ認識できないほどである。

シックスシグマを例にとって考えよう。シックスシグマはきわめて有益なプラクティスから硬直化したルールブックとなり、多くの場合は当初の目的との真の結び付きを失ったかのようだ。1973年の石油輸出停止措置は米国の自動車業界のリーダーたちにとって深刻な警鐘であった。突然、外国企業からの追い上げを認識した。特に日本勢は第二次世界大戦以降、競争力の土台として品質にこだわっており、顧客ニーズの突然の変化に呼応した燃費効率の高い自動車を市場に出すことができた。これらの自動車は、米国の自動車より安価で、品質が良く、顧客ニーズを満たしていた。そのため米国メーカーは市場シェアを徐々に失い、やがては米国の製造業の多くの部分に悪影響が広がっていった。

当時、継続的改善の科学は特に目新しいものではなかった。たとえばフィッシュボーン・ダイアグラムの概念は何十年も前からあった。しかし米国メーカーは日本の品質管理システムを学び、その一部を専門化した。また、品質管理システムの採用に成功した者への賞まで生み出した。1987年に誕生したマルコム・ボルドリッジ国家経営品質賞がきっかけとなり、さらに熱は高まった。

ベストプラクティスの共有を称賛し、それに報いることが意図の一部であったボルドリッジ賞は、自社で有効だったものを文書化し、共有し、他者を訓練することをほぼ保証したといってよいだろう。同年モトローラのビル・スミスは、規格とする平均値からの標準偏差（バラツキ）の数を3σから6σすなわちシックスシグマへ拡大することにより、品質を新たな水準まで高めた。つまりうまく適用すれば、アウトプットが規格に合致する確率は99・99％となり、不良品ができる確率は100万回につき0・02となる（注3）。

モトローラはシックスシグマの適用により、莫大なコスト削減を果たした。そしてこのコンセプトはどんどん広がった。GE、ゼロックス、コダックを始めとする企業がシックスシグマに注目し始めた。IBMはこのアプローチを採用し、一部の要素を改善し、サプライヤー、エンジニア、マネジャーと広範に共有した。突如として実業界が話題にするのはCp（工程能力指数、process capability index）、CpK（工程能力指数、process capability index on katayori）、DMAIC（定義・測定・分析・改善・定着の5段階手順）ばかりであるかのようになった。

1990年代、モトローラの元社員2人がシックスシグマ・アカデミーを創設し、リーン・シックスシグマなどのツールの適用能力レベルに応じて認証を行った。東洋の武道の習熟度を示す用語を借りて、仕事でシックスシグマを実践する人向けにグリーンベルト、イエローベルト、ブラックベルト、マスターベルトという概念も確立した。ところが当初の精神であった継続的改善と顧客の期待に合わせた応用は、いつの間にかプロセス順守とデータ収集のわき役に過ぎなくなった。依然多くの企業には、プロジェクトチームに参加し、プレイブックに従って、過去30年にわたる応用から得た教えを学ぶのを促すシックスシグマの専門家たちだけを集めた部門がある。シックスシグマは「綿密で規律あるアプローチと広く知られた実証済みの成功」で世に知られている。

誤解しないようにしよう。シックスシグマは、プロジェクトチームが何も疑わずに従うべき一連のルールとして扱われている。それが行きすぎたために、ケーブルTVのコメディ番組である『サーティ・ロック（30 Rock）』は、「シックスシグマの教え（Retreat to Move Forward）」と題したエピソード全体でシックスシグマを笑いの種にしたほどだ。そこでは「シックスシグマ経営思想の柱はチームワーク、洞察、残忍性、男性的、握手攻め、手段を選ばないこと」と非難している。ベストプラクティスがお笑いの種にされるようになったら注意が必要だ。

多くのシックスシグマの実践者は主目的を忘れ、常識を事実に転じさせてしまったことにより、応用時に創造性を発揮する余地を見失った。これに加えて消えてしまったのは、イノベーションを実践し変化に順応するために必要な文化とマインドセットである。

シックスシグマは、ことのほかよく文書化されたプレイブックとして、そして企業がよく風刺されるものとして突出している。しかし、事業においてとる行動のほぼすべてをそれとなく支配し、より油断がならないと私たちが考えるのは、シックスシグマより一般的で認識するのが難しい形態の常識である。

プレイブックから正説が生まれる

正説、すなわち「真実あるいは正確であると認められている信念あるいは考え方」は、常識のなかで最も油断のならない形態だ。成長過程で、指数関数的に変化する市場に接する企業に適用されると、深刻な価値の破壊を導き、惨憺たる結果に終わる可能性がある。宗教に起源をもつ正説は、信仰で定められた教義を信奉することである。ビジネス界では、次のような共通の特徴がある。

- 口頭あるいは文字により世代から世代へと受け継がれ、信念体系の基礎と考えられているために几帳面に扱われている。

ルール第124号
「それほどの名案であれば、すでに誰かが行っている」
「・・・というわけでわが社のルールによれば、
答えは『ノー』です」
TOM FISH BURNE

- 組織の成功モデルの中心におかれている傾向がある。「我々の信念体系と道徳律が他社のものより優れているのはなぜか」「わが社がライバル会社より優れているのはなぜか」。
- 教えを広めることに責任をもつ人から異端であると責められることを恐れるために、疑問が呈されることは稀である。
- 信奉者は、それが誤っている可能性を示す証拠を目にしても、即座に理屈をつけて弁護したり、別の理由を見つけて信じさせたりする。

しかし（少なくともこの文脈における）宗教とビジネスの違いは、宗教では神聖さが主観に左右されるのに対し、ビジネスにおける結果は客観的に測定可能であることがきわめて明らかな点だ。業務遂行上の原理原則の価値を証明したり、反証しうるデータを探すのは難しいが。

ビジネスでは、「正説」は長年にわたって蓄積された常識に過ぎない。また、会社で毎日行われる機械的作業と意思決定の土台となっている。ほとんどの正説に疑問を呈する必要がある。ただし全部とは限らない。優良であったり、必要であったり、あるいは取るに足りないものもある。たとえば石油精製所における安全手順の明文化、あるいは会計上の慣行を金融規則に従って転換するなど、有益な一連のルールへと進化しうるものもある。また会社の設立日に創設者を称えることも簡単な年次記念行事として残してよいだろう。これらは正説だが、イノベーションや進歩を妨げる足枷とはならない。

商品を消費しサービスを利用する者として、なぜ物事がこういう風なのかと考えることはないだろうか。なぜスーパーマーケットでは、購入品数が多く、したがって購入額も高い客を、列が長いレジに並ばせるのか。なぜホテルでは、疲れた出張客でも昼過ぎまでチェックインできないのか。なぜガソリンスタンドでは、さっさと給油を済ませて運転を続けたいドライバーに、洗車を望むか、領収書は必要かなどの数十の質問に答えさせるのか。これらに合理的な理由がある場合もあるが、全部がそうとは限らない。

一般的に正説は、何らかのかたちで、企業戦略に関連する分野にも存在する。我々は、言葉にされず、疑問も呈されずに蔓延した原理原則をしばしばもつ傾向がある。これらは、経営上の達成目標や目指す姿、ターゲット顧客と彼らが自社を選ぶ理由、競合他社、業界構造、自社内機能など、多くの分野に存在する。

これは正説であると察知したら、詳しく検証すべきである。次のステップを踏むことをお勧めする。

1 物事をこのように行うのはなぜかと問い、各々の慣行の起源を掘り下げるよう試みる。
2 その正説がなかったらどうかと想像する。それがなかったら企業活動や成功モデルにどのように影響するか。
3 社内外で、その正説の枠を外れて行動する人を探す。
4 その正説と正反対のことを行う企業やサービスを特定する。
5 その正説が機能しないような、場所や時代をリストアップする。

これらにより、正説が覆された場合にどうなるかが、ある程度見えてくるはずだ。

一方で、この正説に対して、大規模に取り組み何かを成すためには、このステップだけでは不十分だ。「実用最小限（Minimally Viable）」の中で、正説に思い切って疑問を呈することが重要なのだ。これについては本書全体で取り上げる。「実用最小限（ＭＶ）」という言葉は、商品開発の分野で、設計者はプロトタイプを開発サイクルのできる限り早い段階でテストすべきだという思想から拝借している。

正説を特定して検討する際には、検証に要する負担を可能な限り軽くするとともに、極力時間をかけずに、正説を覆すためのテストの設計に移る。この場合の「実用最小限（ＭＶ）」とは、広く実行した場合に考えられる潜在的な効果を大まかに見積もることができる一方、もし仮説が間違っていた場合でも不当に大きなリスクをとることがないように、制御されたテストを設計するという意味である。これに関しては、この後の章で詳しく説明していく。

実業界では、リスクに真っ向から向き合い勝利を収めた人の逸話が主流だ。フェデックス（FedEx）、スパンクス（SPANX）、ジップカー（Zipcar）などの会社が称賛されるのは、各々のリーダーが自らのビジョンに一切合切を賭けて挑戦したからである。フェデックスの場合の賭けは、文字通りの賭けだった。というのも設立者のフレッド・スミスは、１９７０年代初期にラスベガスで同社に残っていた最後の資金５０００ドルをブラックジャックに投じたからである。彼は賭けに勝ち、賞金２万７０００ドルを手にした。同社を再び軌道に乗せるのに十分な額だった。しかし負け組もいる。ここぞという瞬間に躊躇しすぎたリーダーたちだ。米国レンタルビデオ最大手のブロックバスターは、破格の安値だったネットフリックスを買収するチャンスをみすみす逃した。「コダックする」という言葉は、一部では、近視眼的にリスクを回避するあまりに、自社の存続を揺るがす危機が認識できないことを意味する。誰もが不意を突かれかねない。それは、リスクを特定すること、ましてその定量化を行うことが、ますます難しくなりつつあるということだ。

ねらい

第I部ではこれ以降で、なぜ *Detonate*（爆破）のマインドセットをもつ必要があるかを掘り下げる。第2章では、現状を導いた背景を取り上げ、なぜ手をこまねいたままでいるのがそれほど危険なのか基本的な論拠を示す。ビジネスにおける「ルール」の性格と、典型的なプレイブックがなぜできたのかを見ていく。過去5年間の変化の性格を掘り下げ、一部の出来事を振り返って、過去から学んだ多くのことが将来の参考にはまずならないということ、その納得すべき理由を説明する。第3章では、このマインドセットを身につけるのに役立つ4つの原則を紹介する。

その後、第Ⅱ部の「プレイブックを破壊せよ」では、7つの具体的な「正常な業務手順」を掘り下げ、これらを廃止して新たな慣行に置き換えるべきだと考える理由を挙げる。「破壊」する方法を論じながら、古い悪習から脱するのに必要な指針とマインドセットの変革についても説明する。一言で言うなら、これらの指針は、起業家に自然に備わる特性を、既存企業に応用する方法が主となっている。

第Ⅲ部の「よりよいものを構築しよう」では、どのように改革をするか、本書のメッセージを長期的な成功にどのように発展させるかを説明する。私たちは、個人的に多くの深い経験を積み、また本書のために相当なデータも収集したが、読者全体の潜在的、究極的な知識は、それよりはるかに深いことを承知している。

本書を理解すると、次のことが可能になる。

- 付加価値をもたない、あるいは価値を破壊さえする「正説」を見破り、自信をもって行動を起こし疑問を呈する。
- 数十年前の教訓ではなく、現在のデジタル時代の市場競争に効果的に取り組み、成功している企業から学んだ新たな考え方と行動方法を会社に広げる。

・組織内で、中核事業の業績に不要な脅威を直接与えることなく、新たな方法をいくつか試すのに適した場を特定する。
・取り組みを広げ、従業員たちがより充実した新たな業務方法を見出すのを支援する。

以上が私たちのねらいだが、最終的にはさらに大きな目標を掲げている。これを徐々に拡大し、他者の洞察やさらなる教訓を統合する対話のきっかけとすることである。最終章でこれを論ずる。

私たちは2人とも基本的に楽観的である。一部の企業の惨憺たる状況に注意を促そうとしているが、それは意図的なことであり、ビジネスコミュニティとして、我々はより明るい将来に向けた変革を行うことができると考える。

もし手を差し伸べることが可能であれば、一部の企業あるいは業界を絶滅の危機から救えるだけではなく、その過程でさらなる成果を上げることもできると確信している。

とにかく、一歩踏み出して試してみよう。

第2章 火花：悪循環の加速

企業のベストプラクティスを打ち砕く方法と、新たにどのような経営をすべきかの検討に移る前に、一歩引いて考えてみよう。無意識のうちに常識に従っていると、失敗につながるのはほぼ間違いないのはなぜか。

個人でも企業においても、常識が通用しているのは、それが永久だと思うからだ。すなわち何も変わらない、あるいは変わったとしても緩慢で予測可能な方法で変わるという感覚に根付いている。つい最近まで、それはまったく妥当だった。事業の歴史のほとんどにおいて、効果的に市場で戦うためには、企業は「進化」するだけでよかった。変化のスピードからして、徐々に順応するだけで十分生き延びていけた。生存の危機を真剣に考える必要はなかったのだ。

平たく言うとこれまでほとんどの企業は、直線的で漸進的な変化のなかで活動してきた。

しかしそんな時代は過ぎ、いまやはるかに破壊的かつ革新的な変化が起きている。平均的な会社員には、この新時代に対峙するための準備は絶望的なほどできていない。もし切迫感がないとしたら、いますぐに焦るべきだ。

過去5年の間ですらテクノロジーの進歩とあらゆるもののデジタル化とで、事業環境や我々がずっと正しいと思ってきた概念は抜本的に変わった。テクノロジーの進歩により、これまで存在していた障壁をうち破ること、わずかなコストで顧客への価値提案を真似ること、少し前までは存在し得なかった商品やサービスを作り出すことが可能になりつつある。そしてこの変化の速度は、コンピュータの処理能力の高まりでいっそう高まっている。

新興企業は、付加製造（Additive Manufacturing：3Dプリンタ技術）とクラウドソーシングを活用したマイクロ・ファクトリーにより、設立当初からスケールメリットとスコープメリットに挑むことが可能になった。ロボティック・プロセス・オートメーション（RPA）など、新たなテクノロジーの活用で効率性を格段に向上させることもできる。データ拡散（data proliferation）を土台とする新たなビジネスモデルにより、コスト構造やオペレーティング・システムはこうあるべきという従来の前提は覆される。そして企業のリーダーたちは、これまで取り組んできた制約やトレードオフがいまや消滅したことに、突然気がつくようになった。

オーダーメイドでシャツを作ることを例に挙げて考えよう。ちょっと前までは仕立屋に出向いて寸法を測ってもらう必要があった。仕立屋は、その専門技術に対して料金の支払いを受けた。現在、そのすべてはスマホのカメラによって複製可能になった（たとえば、これがM Tailorのサービスの提供価値である）。

消費者にとって結果は同じだ。オーダーメイドのシャツが手に入る。しかしコストは一変する。これは破壊的イノベーションの一例である。仕立屋が何か間違ったことをしていたわけではない。テクノロジーにより、相当低いコストで、仕立屋の業務を複製（寸法を測る手間と時間を考慮すれば、複製のみならず向上）できるようになったということだ。

あるいは通常の小売業の場合を考えてみよう。小売業の原型的なビジネスモデルは、顧客が店の存在に気づき、最終的には足を運んで購入する可能性を高めるために、ある地域内に相当数の出店を果たすことだった。しかしテクノロジーの進歩と先進的な考え方により、消費者が本当に望んでいると思われるもの、すなわちほぼ無限の品揃え、外出する必要がないという便利さ、お届け日数が適度なこと、が実現された。かつては競争優位だった店舗数が弱点になった。つまり、もはや消費者が重視しなくなったものにコストをかけすぎた状態になってしまっているのだ。

将来も過去と同じペースで展開すると単純に思い込んではならない。これは企業や産業

だけではなく、より規模の大きいマクロ経済学の面でも該当する。着実に拡大するグローバリゼーション、すなわち数十年にわたって拡大してきた国境を越えたモノ、サービス、資本、労働力の移動の話を考えてみよう。専門筋は将来も同じく着実な進歩を予測しているが、もし「先進国」の国民が、サービスを基本とする経済から情報を基本とする経済に徐々にではなく、突如向かったらどうなるだろうか。「新興国」経済が発展の段階をすべて飛び越えたらどうなるだろう。ロボティックスや人工知能（AI）により自社のサプライチェーン上で働く人々が5年以内に無用の長物になったらどうだろう。

しかしこれは、もしそうなったら、とい

う問題ではない。いつそうなるか、の問題だ。

もっと率直に言おう。ウーバー（Uber）はタクシー業界を浸食した。それは自分の業界では起こらないとあなたは思うだろうか。しかしそれは起こりうる。しかも近い将来にだ。

エクスポネンシャル（指数関数的変化）のインパクト

レイ・カーツワイルとピーター・ディアマンディスが設立したシンギュラリティ大学（Singularity University: ＳＵ）は、「エクスポネンシャルテクノロジー」が事業環境に与える影響を考察することに専念している。私たちは、エクスポネンシャルテクノロジーが我々を取り巻く世界をいかに一変させる可能性があるかについて、ＳＵと広範に論じ合った。

ムーアの法則とカーツワイルが提唱する収穫加速の法則は、どちらも指数関数的変化の性質を理解する土台になる。前者のほうがよく知られているだろう。これは、フェアチャイルド・セミコンダクターとインテルの共同創設者であるゴードン・ムーアの考察から誕生したものだ。彼が1960年代の半ばに、集積回路1個あたりの部品数が少なくとも次の10年間に毎年倍に増えると予測したことはよく知られている。ムーアが倍増を予測した期間は1年なのか、2年なのか、それとも18カ月だったのかで意見は分かれているが、実際にこの50年を振り返ると、トランジスタの部品個数の指数関数的成長の予想は正しかった。（注4）

レイ・カーツワイルは、本書執筆時点においてはグーグルのエンジニアリング担当ディレクターであるが、同社の「未来予測最高責任者」と呼ばれることの方が多い。カーツワイルは発明家、起業家、著者、講演者、預言者として有名なキャリアを築いてきた。収穫加速の法則は、「進化的学習環境（試行錯誤で徐々に学習する仕組み）における進歩の速度は、指数関数的に大きくなる。反復学習する仕組みの改善が進めば進むほど、進歩は加速しうる」（注5）と規定している。両法則はSUの研究の中核分野の土台となった。

エクスポネンシャルテクノロジーに含まれるのは、拡張現実（Augmented Reality：AR）、バーチャル・リアリティ（VR）、人工知能（AI）、ロボティックス、デジタル・バイオロジー、データサイエンスなどである。これらの共通点は、毎年、能力やスピードが倍増、あるいはコストが半分になる、もしくはその両方であることだ。すべての原動力はコンピュータの演算能力の指数関数的伸びにあるため、それら自体も指数関数的に伸びると想定することができる（実際にその兆候も見られる）。SUは、共同創設者であるピーター・ディアマンディス（Xプライズ財団の創設者ほか多くの任務を兼任）のビジョンに刺激されて、世界が直面する喫緊の課題の一部に取り組むうえで、かつてないほど優れた進歩は、エクスポネンシャルテクノロジーから生まれると考えている。

SUは、「難題に取り組むために、これらのテクノロジーの2つ以上を組み合わせて使った場合、持続可能なソリューションを開発しうる可能性ははるかに高まる」と断言する。これにより、エクスポネンシャルテクノロジーとイノベーションを適用することによって解決できない問題は存在しないという「アバンダンス・マインドセット（Abundance Mindset）」という考え方が登場した。イーロン・マスクが、誰でも行ける宇宙旅行、ハイパーループ、完全自律走行車などの未来ビジョンをもたらしたように、SUの考え方は一理あるとされており、事実、我々全員が将来に期待すべき理由は、これまでになく多くなっている。

私たちも楽天的ではあるが、否定的な面も目にしている。それは時代に合わなくなったビジネスモデルのあらゆる面において、深刻な破壊的変化が起こる可能性だ。SUから示されたとおり、人間はこれまでずっと直線的な世界に生き、進化してきたために、指数関数的な成長を処理したり、それを制御・想像するための準備がまったく整っていない。よくSUで出される課題として知られているのは、30歩進むのを想像することだ。30歩が直線状であれば部屋を横切ることになる。それが指数関数的なステップだと、1歩ごとに歩幅は倍増するので地球を26周することになる。人間は誰もが本質的に一定率の変化を想定するため、指数関数の力を完全に過小評価している。しかしそれは善を導く力であるのと同時に、破壊を導く力でもある。

競争優位の性質が変わりつつある

競争優位を形成する従来型の方法も覆されつつある。コロンビア大学ビジネススクール教授で経済学者であるブルース・グリーンウォルドは、競争優位の性質について活発に執筆している。彼は、競争優位には3つの分野、すなわち「供給の優位」「需要の優位」「規模の経済の優位」があると論じている。供給の優位は、顧客への提供物を実現するインプット（原料・資源）への独自のアクセスから生じる。それは原材料、知的財産、テクノロジーその他への独占的あるいは優先的なアクセスであるかもしれない。需要の優位は、顧客集団の囲い込み的アクセスがあるときに実現する。ライバル企業が商品の差別性で優位に立つと、顧客層の「好み」が変化する可能性があるが、需要の優位は好みよりもさらに強力だ。「ブランド選好」よりはるかに強い。その点は過去、非常に「好まれていた」あるいは「称賛されていた」ブランドが、新興ブランドに顧客を取られる例が多いことからも明らかだ。需要の優位は通常、スイッチング・コスト、別のプロバイダーを探すコスト、無意識の習慣行動などのせいで、ほぼ「顧客ロックイン」の状態である場合に起こる（注6）。

規模の経済から生じる優位は、事業の規模と範囲に基づいている。大きさ（サイズ）の優位と規模（スケール）の優位を混同する企業が多い。サイズとスケールは必ずしも同じではない。規模の優位は、固定費を大きな売上で按分できるため、売上が伸びると単位当たりのコストが下がることから生じる。規模の優位を備えた企業との競争が厳しいのは、そうした企業は同様な商品・サービスでもより多くの利益が稼げるためだ。また規模が大きな企業はより多くの利益を投資して商品・サービスを改善することができるため、いっそうの差別化が実現できる。

以上の競争優位の一般的な分類は、時の試練に耐えた原則であり、今後も変わらない。ただし企業が供給、需要、規模の優位性を構築する具体的な方法はいま変わりつつあるのだ。

供給の優位

少し前までは「創造的」な人にとって、自分のやりたいことをして安定した生活が立てられる仕事の種類はほんの一握りだった。広告代理店業界は整理統合が進み、少数の企業しか残っていない。そのため創造性ある仕事に就きたい人、あるいは創造性ある広告代理店を雇いたい企業には、大手のグループ会社を除くとあまり選択肢はない。数社あることは間違いないが、大手広告代理店は、ほぼ独占的に創造性の高い人材を使える立場にあるために、一時供給の優位を享受していた。

この優位はまったく消滅したわけではないが、ますます圧力がかかっている。というのはテクノロジーによって、創造的な作業を格段に低いコストで「クラウドソーシング」を使って容易にできるようになったためだ。

また、テクノロジーのおかげで新しい形態の供給の優位が出現した。テクノロジー系の新興企業において、価値提案を実現させる独自のアルゴリズムを考えてみよう。これらは、これまでとは異なる形態の価値獲得（価値の収益化、Value Capture）を可能にする供給の優位の形態だ（たとえばアップルが先般買収した音楽認識アプリのShazamがこれに該当する）。

需要の優位

「スイッチング・コスト」「サーチ・コスト（探索コスト）」「無意識の習慣」など、参入障壁のすべてにおいて従来からあった需要の優位が危機に瀕している証拠も目にしている。クラウド・コンピューティングにより、ソフトウエア市場は抜本的に変わった。以前は、ソフトウエア・プラットフォームを買うと、インストールに時間がかかり、定期的に予定された更新も行わなければならなかった。一旦インストールすると、プリインストールの最初の段階に戻されるどころか、間違った選択だったと気づいた場合に品質保証が無効になることを恐れて、スイッチアウトすることを非常に嫌った。現在、クラウドはオンプレミス（自社運用）のインストールは必要としない。突然ソフトウエアのプロバイダーは機能と経験だけで勝負しなければならなくなった。

探索コストは大幅に下がっている。一般開業医を例にとって考えよう。以前はよい医者に出会ったら、一生その医者にかかった。現在、Zocdoc のような企業は、医者に関する情報をクラウドソーシングで集め、患者が予約、受付、保険が利くかどうかを確認するのを容易にすることにより、信頼できる医者を探すコストを引き下げている。新しい医者が気に入らないというリスクは残るものの、リスクは大幅に削減された。

無意識の習慣はどうだろうか。多くの消費財を考えてみよう。認知心理学によると、同じブランドを何度も何度も買うのは、そのブランドが非合理に「気に入っている」からではなく、無意識の習慣となり、頭脳は意識して代替案を考えることすらしなくなるからだ。しかしオンライン購入を好むようになり、週に一度出かける買い物方法が変わると、習慣を軸とした優位が弱まるブランドが出てくるのは避けられないだろう。

新たな習慣は新たな行動を通じて形成されるが、それにより新たな優位の構築が可能になる。ホーム画面に出ているアプリを使う頻度と、5つ目から6つ目の画面のフォルダーに入っているアプリを使う頻度を考えてみよう。ホーム画面のアプリを使う可能性がはるかに高いのは、そちらの方がはるかに頭に入ってきやすいからだ。

規模の優位

百貨店は店舗、在庫、取扱店との関係などの固定費を、大きな売上ベースで按分していた。そして消費者は複数の種類の商品を買うことができる便利さは貴重だと考えていた。いくつかの例外は除いて、多くのチェーン店は自社の規模に基づく場所、価格、品揃えという主な重要事項に関する「正説」ゆえに、基本的に買い物体験を無視できた。その正説はネット販売により、また業者の大小を問わず同じく容易に買うことができるようになったため、覆された。玄関の扉をあければ必要なものは何でも配達されているようになった現在、便

図1

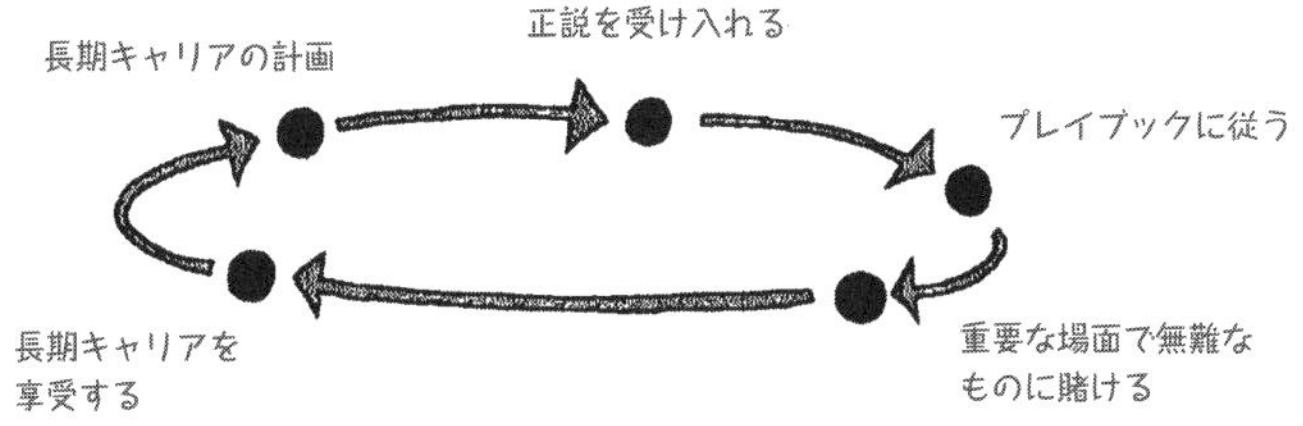

利さと買い物体験は従来の小売における規模の優位にとって深刻な脅威になっている。アマゾンが新たな種類の規模の優位を証明していることは間違いないが、50年前に百貨店が享受したそれとはまったく別のものだ。

喫緊性と悪循環

しかし問題は、「テクノロジーによる破壊の到来」だけにはとどまらない。企業がこの新たな世界に順応しているようであれば、本書を書かずに済んだであろう。しかしそうではなかった。企業は、順応するのではなく常識に従っているようだ。今日の世界ではベストプラクティスは行動の悪循環を生み出し、それは瞬く間に変化する環境においては致命的になりかねない。多くの大企業は、ほぼこれま

図2

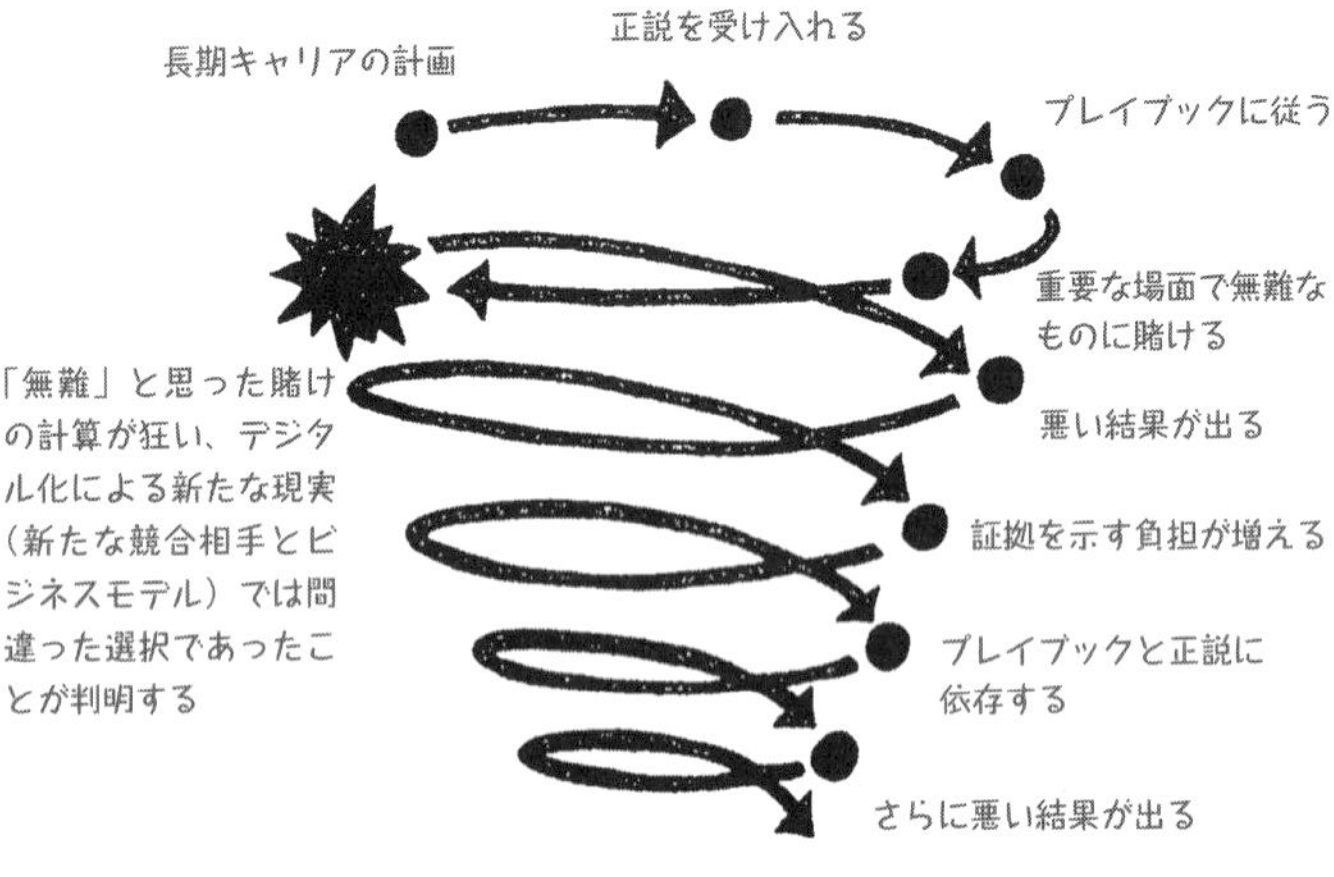

でずっと自らある循環を進めてきた。単純化しすぎかもしれないが、その循環は図1のようなものだ。

徐々にプロセスの明文化が進み、従業員が正しい行動に関するルールをより厳格に適用するにつれて、浪費される時間は増えていく。単純な半日の会議に数週間の作業が必要になる。時間がいくらあっても足りなくなると、従業員もマネジャーもプレイブックに一段と忠実になり、唯一の目的はそのプロセスを実行することだという盲信から行動することもある。個人のリスク緩和と組織のリスク緩和は連動するため、盲目的な行動をするという慣行がさらに顕著になる。そしてほぼすべての意思決定のために証拠が必要となり、じわじわと負担が増えていくのは避けられない。意思決定により多くのデータが示されれば示されるほど、そのプロセスのステップの実行は優れているとされる。

否定できないデジタルによる変化に直面して、古いモデルを守ろうとする個人や組織の直感が働きだすと、悪循環が発生する。そうなると、悪循環は図2のようになる。

企業は、優れた選択をするためではなく、プロセス順守と実践のために組織編制と最適化を行い、絶望的なほどに内向きになってしまっている。今日の環境では、それは非常に危険だ。事業体系全体に影響を及ぼすテクノロジーの進歩の速度が増し、またそれが生み出すチャンスの性格を考えると、この悪循環は加速するばかりである。

確実にわかっていることが1つある。これからの変化は、過去と同じ一定のペースでは起こらないということだ。漸進的変化に代わって、破壊的で指数関数的な変化が始まる。それが起こり始めていることを実際に我々は目の当たりにしている。経済効率性を阻んでいた障壁は、すでに変化の足を速めている技術と情報の流れに押されて、これまでにない速度で崩れていく。

「黄金比率」を再考する

これらの現象のすべてが、いかにイノベーションが起こるかに関する私たちの基本的な研究の一部を再考するきっかけとなった。

2012年にジェフ・タフは、バランスがとれたイノベーション・ポートフォリオとはどのようなものであるべきかに関する論文を共同執筆し、『ハーバード・ビジネス・レビュー』に寄稿した。そこで2つの重要な概念を紹介した。1つ目は、「イノベーションアンビションマトリックス（innovation ambition matrix）」を使うとイノベーション・ポートフォリオの特徴がよくわかること、そして、多角化を進めた企業のバランスがとれたポートフォリオは、「黄金比率」（注7）が特徴になっていることであった。

アンビションマトリックスの土台は、私たちが「新しい経済価値の創造」と定義するイノベーションが、新たな価値を創造するために使うモノと、対応する市場・顧客の組み合

図3

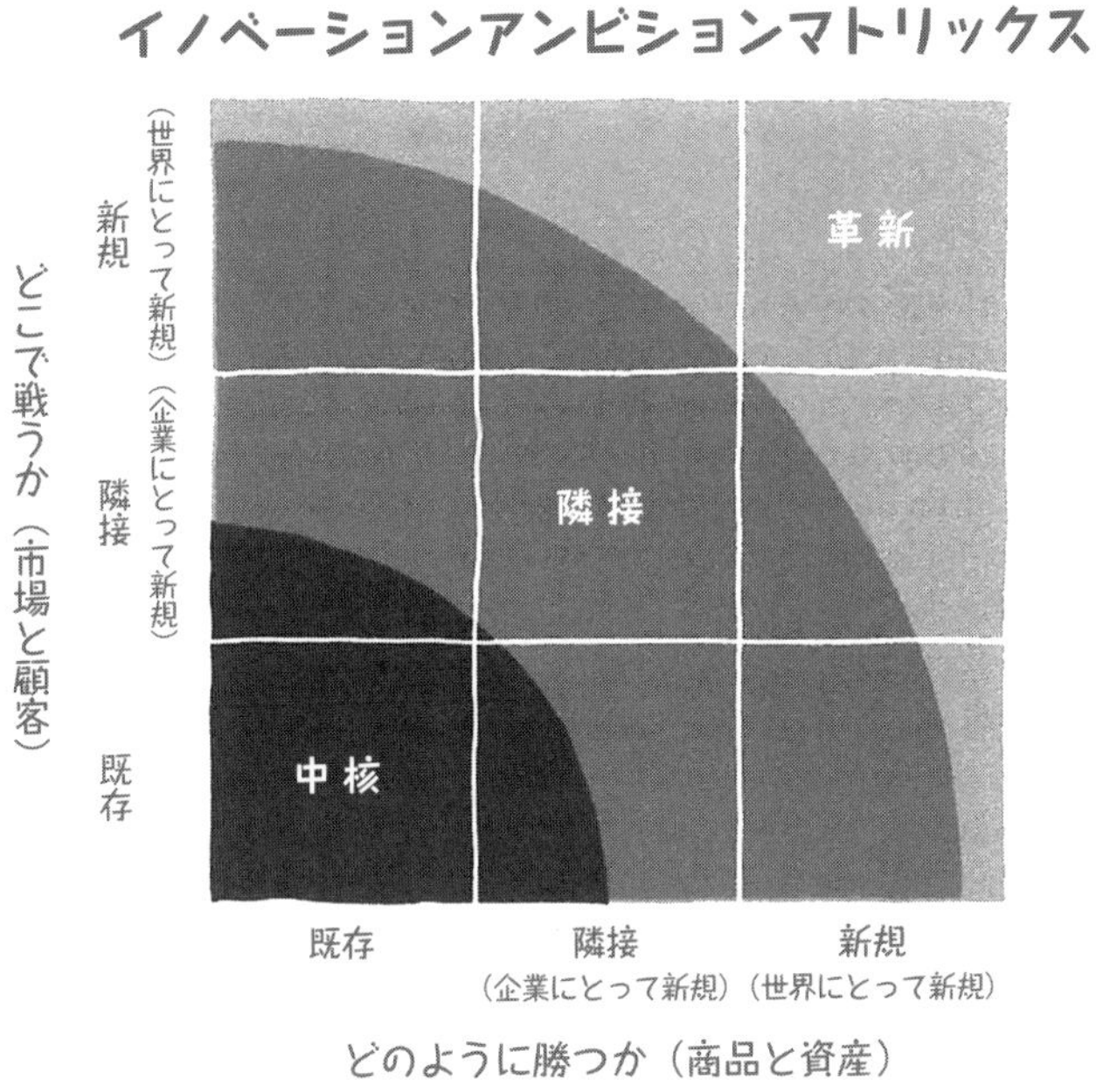

わせによって分類できるという考え方だ。図式的には、「どのように勝つか（モノというのは資産、能力、ノウハウ、経営モデルなど）」をX軸にとり、「どこで戦うか」をY軸にとる。各々の軸は基本的に既存、隣接、新規の3つに分かれている。また図に2つの弧を引いて次のようにイノベーションに対する3つの野心の水準を定義する。

1 **中核（Core）**：現在の顧客に対応するた

めの既存の商品・サービスの最適化。同様なニーズをもつが、これまでの対象層のすぐ外側にある別の顧客にも事業を若干拡大することもある。これはうまく経営している企業のほとんどが通常実践していることである。

2 **隣接（Adjacent）**：現在の強みであるポジションからさらに手を広げるために、顧客との関係を活用して新しい価値を提供するか、資産ベースと中核のケイパビリティを活用してさらに離れた顧客グループに進出する。この両方を同時に行うこともある。

3 **革新（Transformational）** 新規の資産と資本を投下して、顧客自身が気づく前に新たな市場ニーズを発掘する（「どこで戦うか」の「新規」の列は世界にとって新しいということであり、企業にとって新しいということではないことに注意）。

私たちは、バランスがとれたイノベーション・ポートフォリオを有する企業は、平均して時間と資金の70％を中核、20％を隣接、10％を革新的なイノベーションに投資することも突き止めた。重要なのは、この70／20／10の比率は平均に過ぎず、業界特有の状況、相対的な競争位置、リスク許容度などの要素に応じて、個々の企業で調整する必要があることだ。この論文で意図したのは、適切なバランスに関する戦略的対話の口火を切ることであり、新たな正説を図らずも作り出すことではない。

あなたの仕事は、
中核分野を超えてイノベーションを行うことです。
でも、この鎖は身につけたままで。
TOM FISHBURNE

私たちは、さまざまな企業経営者とのイノベーションに関する議論を通して、既存企業の2つのはっきりした傾向も確認した。まず、どの企業も、財務がきちんとした多くの企業が、現在どんなイノベーション費用を投じているのか実際には把握していないことだ。ほとんどの企業で、中核・隣接・革新の間で投資の配分を推定するように尋ねて回ると、答えは経営幹部各人によって大幅に違う。ほとんどの企業は、イノベーションにおいてこの3分野に関するコストと活動を正確に記録する仕組みを整備していないというのが現状なのだ。

もう1つ判明したのは、どの回答者も、中核分野を越えてイノベーション活動を行っている度合いを大幅に過大評価していたことだ。ケイパビリティ不足からイノベーション投資意欲が最も低い企業でさえも、通常、自社は少なくともコストの10〜15％を隣接および革新分野に費やしていると推定していた。しかしそうした企業が私たちに実際のコストと活動に関する調査を依頼すると（通常は大変な作業である）、真実は大きく異なっている。

イノベーションの90％、多くの場合は95％以上が中核分野に集中しているのが通常である。なぜだろうか。いくつもある答えを最も単純にまとめると、中核分野の活動は目につきにくいからだ。たとえば、研究者が長年温めてきた一連のプロジェクトで、就業時間後と週末の時間をあてて作業を続けるうちに研究室でしぼんでしまうようなイノベーションもある。「きわめて重要な顧客」からの1回限りの依頼で、営業から「これを顧客に提供しなかったら、残りの取引を失う恐れがある」と押し付けられて正当化されたものもあるかもしれない。全社挙げての「協働」コンテストの結果であり、参加者に疎外感を与えないようにコンテストの主催者たちがアイデアを整理し、各々にしかるべき対応をするのに数カ月かかるというものもある。

このムダをまかり通らせている正説については、本書の後半でさらに掘り下げて考える。それは、アイデアがたくさん出てくれれば、モノになるものもあるはずだから、「イノベーションの初期」のアイデア出しの段階を充実させれば、価値創造につながるという考え方である。現実にはそれが生み出すのは停滞であり、ほとんど見込みのない多くのアイデアの絞り込みにかかるムダ金だ。イノベーション・チームが行うのは、顧客を喜ばせる新規アイデアの創出ではなくプロセス管理になる。そして人は、自分たちが知っていることについてブレーンストーミングを行う傾向があるため、ほとんどのアイデアは中核事業についてのものとなり、高い収益性を生み出す可能性はほぼないという結果になりがちである。

企業にはイノベーションの行き詰まりを解消し、中核へのコストの一部をカットし、その分を意欲的な活動に仕向ける時間があることを考えると、これらのムダを目にすると落胆させられるとしか言いようがない。しかしテクノロジーの進歩により、ビジネスモデルは立ち行かなくなっており、のんびりしている余裕はもうない。もはや存続の危機である。中核事業がこれまでのように続かなくなった結果、黄金比率は50／30／20に近づく可能性が高い。

既知から不可知へ

本章で説明してきたような激変に直面すると、危険な動きが現れ始める。それを理解するために図4のようにイノベーションアンビションマトリックスを単純化して考えよう。

ここではアンビションマトリックスの左上から右下に向かって対角線を引き、イノベーションに取り組む際の2種類の機会の領域を説明している。対角線の下は「既知あるいは知ることが可能な」一連の機会と考えられる空間である。これは現在参入している市場や、未参入でも従来の市場調査方法を使ってアクセスが可能な市場および顧客だ。彼らは何を必要としているのか、そのニーズはどれほど強いのか、彼らの行動を変えるためには何が必要か、ある商品を価格ごとにどの程度買う気になるか、などを理解するための質問をして、そこから得た回答はかなり正確かつ信用できると確信することができる。なぜならそれは、現在の市場に存在しているソリューション、あるいは存在しているものと近いため

図4

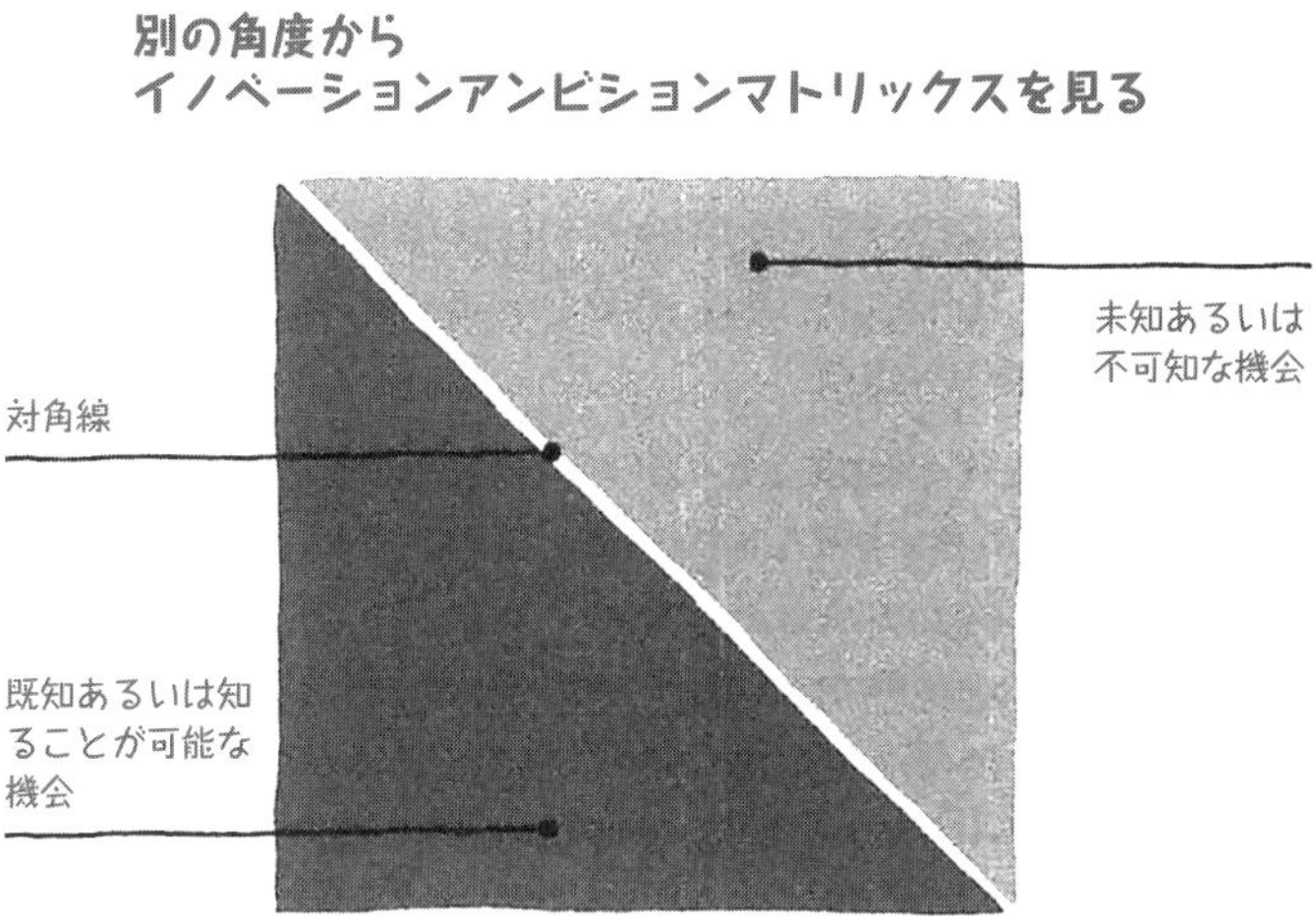

に、想像力を働かせて何についてかを理解するという極端な行動をとらなくても、誰でも回答できるからだ。

対角線より上にあるのはまったく違ったものである。これは未知の分野であり、不可知である場合もあるイノベーション機会の領域である。非常に離れた隣接および革新的な空間は、以前は平均的な企業は足を踏み入れなかった分野であり、過去に誰かがソリューションを想像していたとしてもごく少数であった。「新規：市場と顧客」の列は、誰かが言葉にする前にニーズを予想することであることを考えると、それは人跡未踏の分野であると確信できる。

スティーブ・ジョブズが、「フォーカスグループによって商品を設計するのは実に難しい。人はほとんどの場合、実際に見せられるまでは自分が何を欲しいのかわかっていないからだ」（注8）と発言したのは有名だ。アップルがかねてから新製品発売で世間をあっと言わせワクワクさせるのに成功してきたことを考えると、ジョブズがこの「対角線の上」の空間で勝負することを社内に根付かせる方法を学んだ数少ない一人であったことは明らかだ。しかしほとんどの人は正しく理解しない。実はこの空間で勝負しようとして価値を破壊する羽目になることが多い。

およそ100年前にシカゴ大学の経済学者であったフランク・ナイトは、少なくとも産業界と経済界において、不確実性とリスクの違いという考えを広めた。その違いはこの図で言えば対角線の上と下である。「不確実性は、リスクという聞き馴染んだ観念とはまったく違う意味で捉えなければならない。この2つが正しく識別されたことはなかった」と彼は記している。「『リスク』は測定評価が可能な量を意味することもあれば、まったくそうした性質のものではない場合もある、というのが基本的な事実だ。この2つのうちのどちらが存在し、働いているかによって現象の意味・影響には広範かつきわめて重要な違いがある。測定可能な不確実性、すなわち、いわば真の『リスク』は、測定不能なものとはあまりに大きく違うために、実際には不確実性とはまったく違うように思えるだろう」

（注9）。

言い換えるとナイトの定義によると、リスクは測定可能かつ管理可能なものだが、不確実性はそうではない。他者の言を借りると、我々はボラティリティ（変動性）が高く不確実なことが特徴である世界に住んでいる。その世界のなかで、より不確実になるものもあるが、不確実性からリスクへと移るもの（不確実性が測定可能な状態になるもの）もある。テクノロジーの進歩や（過去30年で比較しての）地政学的な不安定性、そしてサイバーセキュリティと関連して、不確実性を目にする水準は高まりつつあるという点は確かに認める。とはいえ、同じくテクノロジーの進歩ゆえに、かつては不可知であった多くのものが、現在は、知ることが可能になっている。たとえば行動モデルの進歩のおかげで、現在は顧客のレスポンス率をより正しく予測することができる。さらに、ＩｏＴを活用したセンサー・テクノロジーのおかげで行動をより正確に、かつ大規模に測定し、モニターすることもできる。したがって必ずしも一方向だけへの変化を目にしているわけではない。

当然ながら、間違ってケルビン卿（ウィリアム・トムソン）の言葉とされている格言を少々ひねって言うならば、「測定が可能であれば、管理も可能である」（注10）。現在使われているプレイブックの多くはこのリスクを管理することが発端になっている。

対角線の下に存在するイノベーションの機会は、リスクが内在する機会である。そのリスクはきわめて低いと受け取る人もいれば、対角線に近づくにつれて、少々リスクが高くなると思う人もいる。しかし本質的に測定可能なリスクである。

深刻な問題は、ほとんどの企業は1つのイノベーション手法を使ってアンビションマトリックスの全域で勝負しようとするが、それではまったく役に立たないことだ。「対角線の下」でイノベーションを管理するのは、「対角線の上」でのそれとは根本的に異なる。「対角線の下」では、有効なデータと直接の経験に基づく妥当な仮説を使うことができる。一方「対角線の上」では、顧客の発言を無視する必要があり、誰かが事業機会とそれに影響を与える重要なトレンドが理解できると断言したときには、それを疑ってかかる必要がある。本書の相当な部分を費やし、特に第II部では、未知および不可知の分野に取り組み始めたら、変える必要のあるプラクティスについて説明する。

対角線を越えて、容易に入手できるデータがないためリスクが測定不能である隣接および革新的な空間で勝負するようになると、「管理して抑える」ことができない本物の不確実性が現れる。そのため不確実性を制御するために従来型のリスクマネジメント・システムとプレイブックを適用すると、よくない状況が起こる。

将来への教訓

前述のような議論が重要なのは、ほとんどの企業にとって、機会の均衡がとれた地点を越えてしまったからだ。基本的な計算によると、「適正な」比率の平均が70／20／10である世界では、リスクの制御が可能であればイノベーション機会の約80％は「対角線の下」にあることが示されている。必要なバランスが50／30／20へと変わり、その方向に進み続ける世界では、イノベーション機会のほぼ半分と将来の収益の大部分以上は不確実性に支配されているのがわかる。変化の性質がほぼ直線的であった過去においては、必要に応じてリスクを管理し方向性を是正する時間とツールがあった。間違いをおかす余裕が十分にあった。指数関数的な変化が起こっている現在、リスクマネジメントのツールとプロセスを几帳面に適用しようとすると、いずれも破滅的な結果に終わる恐れがある。

変化のペースは安定しており、過去からの教訓は将来に役立つと思い込んではならない。実は、その逆を想定しなければならないのだ。国の経済発展、サプライチェーン管理、その他の事業の話題に関して過去は過去であり、それ以外の何ものでもない。もう一歩進めて考えると、過去に役立った教訓は、実は忘れる必要があると私たちは考える。

それが本書を支えるロジックである。

第3章

座標：狙いを定めて爆破する

20世紀初頭、老舗でかつ発展著しかったシアーズ・ローバック社は、シカゴ以外の地域にも進出しようとし、フィラデルフィア北東部を重要拠点の1つに選んだ。1918年から1920年の間に2000人の労働者を雇ってシアーズ商品センターを建築した。これは9階建てで270万平方フィート（24万8400㎡）の巨大な建物であった。この地域で育った人の多くは、商品センターはこの町を象徴する建物であり、生活の中心であると見なした。14階建て時計台はほぼ100年間、何世代にもわたって時の流れを着実に刻み続けた。

1994年10月31日、フィラデルフィア・シアーズ・タワーは解体された。1万2000ポンド（約5400kg）の爆薬を使い、7秒で終わった。これはビルの爆破解体としては依然として世界最大の記録を保持している（注11）。

爆破は通常よくない事と結び付けられる。たとえば戦争中に投下された爆弾、爆弾を仕掛けたベストを使った自爆テロ、工場での爆発事故などだ。しかし爆破は進歩を実現するうえで重要な役割も果たしてきた。橋などの古い設備で十分な修理が不可能な場合、爆破して長期的に安全な橋が建てられるようにしなければならないかもしれない。歴史と記憶が進歩の足を引っ張るのであれば、集団を前進させるために遺跡を取り壊す必要があるかもしれない。将来へのビジョンが過去の単なる派生物ではない場合、スタジアムを破壊して瓦礫とし、スポーツファンの体験を大幅に改善する、新たな先進技術を備えたものを建てる必要があるかもしれない。シアーズ商品センターの終焉のように、巻き添え被害を避けるためにどのように行うかはきわめて重要であり、深い専門知識が必要だ。

制御された状況におけるビルの解体で重要なのは、「周囲への物理的なダメージを最小限に抑え、建造物それ自体がものの数秒で崩壊するように、戦略的に爆発物を置き、爆破のタイミングを計ること」である。これはビジネスプロセスの爆破にも該当する。どこから始めるかは戦略的選択である。いつ始めるかはどれだけ広範にそれを気づかせるか、どんな波及効果が出うるかに影響する。直接隣接する活動やシステムはそのままで保持する可能性が高いことを認識し、爆破は瞬時かつ制御されていることが望ましい（注12）。

では、どこから始めるか。時間のムダと思われるビジネスプロセスのすべてを破壊の対象にしたら、長いリストが出来上がるだろう。どのプロセスが事業にまったく付加価値を与えないと思われているかを把握するために、ソーシャルメディアを使って非科学的に「聞いて回った」ところ、多くの（しばしばユーモアたっぷりな）回答が集まった。

- 「実際にはリスクを管理していないリスクマネジメント手法」
- 「社員向けに長いパワーポイント資料を用意すること」
- 「どの意見も平等で、誰もが創造的になり得ると唱える『協働崇拝（"Cult of Collaboration"）』に従いたいという欲求」
- 「内部目標に対する実績を追跡すれば結果は出ると信じて、そのプロセスに巻き込まれること。（実際、そのプロセスは結果を出すことから注意をそらさせているだけにすぎない）」
- 「マーケティングに関する意見をもっている財務部門のある社員が、『協力的』であるためには入念にプランを吟味する必要がある、と言う場合、あらゆることの足手まといになる」
- 「前年比で予算を組む慣行（たとえば、前年予算の4％増し）は投資の重荷になる」

次は、この用紙に記入する。そして副社長に後押ししてもらって、財務部門の承認をもらって、そうすれば……。ちょっと待て。我々は何をしようとしていたんだっけ。
PROCESS
TOM FISH BURNE

これらは回答の一部に過ぎない。しかし何度となく出された問題は、実は消えてなくなるべきプレイブックに関連するものであった。

第II部では、大まかに分けて7つの企業の問題を掘り下げて疑問を呈する。見出しレベルでは、論点は各々一文でまとめることができる。**財務予測と予算**は、望ましい事業の成果よりもスプレッドシート上の結果のために最適化していることが多くある。**戦略プランニング**は、このプロセスが年間予定表に沿ってテンプレート化し、ルーチン化されるにつれて、土台となる目的が見失われる。**シンジケート・データ**から得られるインサイトは、競合他社の手にも容易に入るものであり、これで優位に立ったと思わせるが、それは錯覚である。**インサイトを得るための従来の方法**はシンジケート・データ、重要でないいわゆる「専門家」の考察、自己報告によるバイアスを生みやすい情報に依存しすぎている。ほとんどの**リスクマネジメント・システム**、特に古典的なステージゲート法はプロセス順守を支持して目的を見失っている。ある時点で、単なるリスク許容だけでなく**失敗を称賛する**ことに関する間違った観念がなぜか根付いてしまった。最後に**組織図とキャリアパス**は永久というイメージを作ったが、それがなければ「正説」は生まれなかった。

これらのどれもが完全に間違っているわけではない。また各々はある時点では優れていたアイデアから発したものだ。しかし総論としては、悪循環を断つために爆破する必要がある事業の「ベストプラクティス」が大多数である。

これらを第II部で取り上げる。企業が従っている既存プロセスの解体に焦点を絞り、将来成功するために採用すべきいくつかの原則を適用する。現在一般的である慣習が意味をなさないのはなぜか、プロセスが市場での成功に貢献する可能性を高めるために*Detonate*（爆破）の中核原則をどのように適用するかを示す。

ただしほとんどの企業は何から何まで放棄する余裕はない。現在対応すべき顧客がいる。業績が予測を上回ることや配当を期待する株主もいる。そんな現実を前にしたら、「新興企業のように勝負できたらなあ」と願いながらも、壊滅的な失敗を恐れて「しょうがない」と肩をすくめ、手を出さないことも1つの選択肢だ。ただし好むと好まざるとに関わらず、手をこまねいていたせいで壊滅的な失敗が起こる可能性はすでに相当高く、今後一段と高まっていく。1960年代初期にS&P500構成銘柄だった企業の平均寿命は約60年だった。現在は20年に満たない(注13)。

そのため、「一か八か」の姿勢を改めることを強くお勧めする。この爆破の原則をいくつか試してみるべきか否かの問題ではなく、どこから手を付け、どの程度まで広げるか、の問題だ。ほとんどの企業は、現在の経営環境で、「対角線の下」の領域ですでに実行しているプロセスすべてを一変させたいとは考えていない。しかし、その事業に関わる全員をエンパワーし、正説に疑問を呈し、なぜこのような方法で物事をなすのかを問うようにさせるべきだ。明日の事業を経営するにあたり、「対角線の上」の選択肢は豊富であるはずだ。重要なのは、同じルールが該当すると想定したり、レガシーアセットやビジネスシステムを考慮せねばならないという思い込みは避けることだ。その代わりに、規模の大きな企業であることのメリット(顧客、資本、業務範囲)から特に優れたものを選び、*Detonate* のマインドセットと組み合わせて優位を構築する必要がある。そしてスタートアップ企業を彼らの得意な分野で打ちのめしてやってはどうか。

Detonate（爆破）の原則

この変革の土台にあるのは次の４つの原則である。この中心原則は、プロセスとプレイブックではなく理念と仕事への取り組み方を基盤とすることで、変化の速度が増している時代に効果的に競争することを目指している。

1 活動の焦点を、**人間行動（Human Behavior）**の理解と促進におく
2 すべての行動に「**初心（Beginner's mind）**」で取り組む
3 **無常観（Impermanence）**を取り入れる
4 テストと学習のために、**実用最小限の動き（Minimally Viable Moves：MVM）**を導入する

人間行動（Human Behavior）

計画通りに行かなかった戦略について、特にどこで間違ったのかを考えてみよう。理由が2つ思い浮かぶのではないだろうか。1つ目によく耳にするのは、偉大な戦略であったけれど実践できなかった、という理由だ。完璧な戦略であったのに、全員がその戦略と一致して行動できるようにするのに必要な変化を起こす方法を見い出せなかったから、というのが答えだ。2つ目は、顧客が反応しなかったというケースで、新製品発売、リブランディング、リポジショニングを行ったのに、顧客が事前の調査で回答したことをほぼ行わなかった、というものだ。

私たちがフォーチュン500企業の経営者にお会いすると、一般的に大きく2つの目標を達成したいという意欲を耳にする。それは成長か変革（トランスフォーメーション）である。成長の場合は、売上と利益を高めたいと考えている。トランスフォーメーションの場合は、将来、環境変化にフィットするケイパビリティを新たに備えて、いまとは変わった組織にしたいと考えている。この2つの目標は、結び付けが必ずしも明確だとは限らないが、それらを達成することにより企業のオーナーあるいは社会全体にとって、長期的なある種の価値創造が導かれることを前提としている。

ここでの課題は、ほとんどの企業が事業の基本でかつ目に見えないほど小さな要素、す

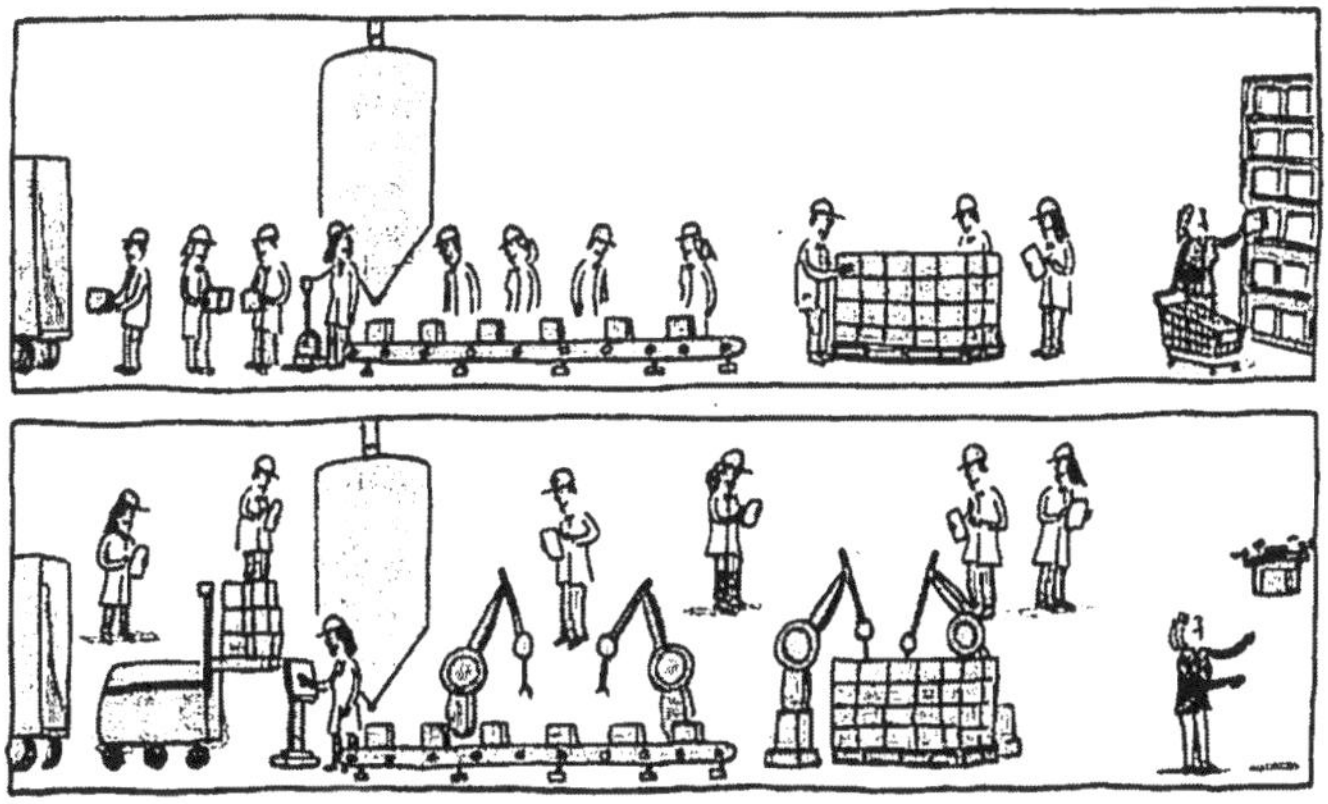

「……いま行っていないことをすることを人に求めるって・・・」

なわち人間行動の変化を見失っているということだ。売上や利益を高めること、あるいは組織を変革させる新たなケイパビリティを構築することが目標であるなら、それに必要なものを深く掘り下げて考えると、今日行っていることとは異なる何かをすることを人に求めていることに気づくだろう。

売上成長の達成には顧客がいまとは異なる行動をとることが必須となる。現在の顧客が今日購入する商品やサービスにより多く支払う、あるいはより頻繁に購入することであれ、ライバル企業の顧客があなたの商品・サービスにスイッチする、あるいは新規顧客があなたのカテゴリーに入ってくることであれ、詰まるところ増収のためには、人が現在していないことをするようになる必要がある。

目的がトランスフォーメーションであっても、規模が大きい場合（たとえばビジネスモデルのデジタル化）も小さな場合（たとえばコスト削減のための拠点の移転）も、同じ原則を組織内で適用できる。新たなケイパビリティを構築したり、広範に組織の行動を変えるためには、新たな業務を行う、異なる選択を行う、より迅速にあるいはゆっくり仕事をする、異なる社員と仕事をする、協働を増やすあるいは減らすなど、いずれの場合も人が行動を変えることが必須となる。組織の広範な転換を支える新たな、あるいは異なる人間行動は文字通り数限りなくある。

成長であれトランスフォーメーションであれ、人間行動を変えるためには、何か異なることを行う気にさせるモチベーションが必要だ。売上成長の場合、人間行動の変化をマーケティング全体の原動力とすべきだと私たちは考える。顧客が今日と異なる行動をとる誘因となるものは何か。また広範な組織の変革には、どのようにして人に異なる行動をとらせるかに関する理解が必要だ。どのようなトレーニングが新たに必要になるだろうか。変革と一致した方向の行動をとらせるためには、新たにどのような経営体系（たとえばオペレーティング・モデル、インセンティブと測定指標、企業文化の変化など）が必要になるだろうか。

初心（Beginner's mind）で取り組む

起業経験のある人、あるいは起業に近いことを経験した誰もが、スタートアップの世界では初心で取り組むという原則が基本であると認めるだろう。産業界で悪循環を導いた主流のマインドセットは、新興企業の思考に刺激され、学ぶところが大きいだろう。雇用は永久である、あるいは自社が倒産することは絶対にないと想定している起業家はいない。彼らのほとんどは、自分たちが勝つ唯一の方法は、過去に物事がなされた方法を無視することだと考えているかのように事業機会に取り組む。新興企業は唯一の目標を達成するために、近道と可能な限り効率的な方法を探り出す。

ある企業の生え抜き、あるいは1つの業界で育った人であれば、自分はある程度のエキスパートだと主張することができるだろう。どのように物事を行うか、特定の状況において競合他社はどのように反応する可能性が高いか、四半期末になるとサプライヤーは卸値をどう動かそうとするか、規制当局はある種の企業合併をどの程度受け入れるか、社員の動機付けとなるのは何か、などにおいてである。変化の速度が緩やかで直線的であり、過去の堅調な業績が将来の成功を占う強力な要素である場合は、賢明であるだけで十分であろう。まったく予期せぬ新参企業が突然頭角を現し、使える新規テクノロジーが目が眩むほどの頻度で出現する場合、それまでの英知は実は役立たずなだけでなく、危険になる可能性がある。

正説を見抜くのが最も得意なのは入社して間もない人、新しい業界に移った人で、彼らは、「あれ、ここではなぜこのようにするのだろう」と首をひねることが多い。現代の産業界を学んだ人の多くは、「初心」をもつという概念をスティーブ・ジョブズやマーク・ベニオフなどを通じて知るようになった。この2人は、デジタル時代で最も成功したCEOで、ビジョナリーであり、好奇心の威力を確信していた。

僧侶の鈴木俊隆は、「初心者の心には多くの可能性があるが、専門家の心には、それはほとんどない」と古典である『初心・禅心』の冒頭で述べている。この言葉の対象は、仏教の禅の教えを学ぶ人であって、会社を潰すのを避ける方法を学んでいる本書の読者ではないことは確かだ。しかし私たちは、いかに産業界にも該当するかという点から、この冒頭の言葉が気に入っている。初心は、正説を認識するうえでも重要だ。

皮肉にも専門知識が自らの枷になっている人もいる。しかしイノベーションの世界には、それを乗り越えて業界の規範を破壊することになった才気溢れる人材の逸話が多い。腕時計業界の重鎮たちはアップルが市場を牛耳ることができるとは想像もしていなかった。それは彼らが、腕時計で大事なのは時間を告げることと同じく、スタイル、自己実現、驚異的なエンジニアリングであると「知っていた」からだ。さもなければ、誰があるブランドのために数十年にもわたり何万ドルものお金を喜んで支払うだろう。ところが2017年9月に、アップルウォッチ(Apple Watch®)は発売後わずか2年、ペブルとともに「スマートウォッチ」のカテゴリーを発明してから5年で、世界中で最も売れている腕時計ブランドになった。アップルの(最高デザイン責任者)ジョナサン・アイブらは、よりよい腕時計を作ることに取り組んだのではない。彼らの出発点は、テクノロジーは身につけるものへと動きつつあり、携帯電話は、それを常に耳に当てたり、気がそがれたりするせいで人の生活を台無しにしているという現実と結び付いた洞察だった。彼らはアップルウォッチを、コネクティビティを可能にし、「誰かといるときに、これまでより少々人間的で、その瞬間を重視する方法で接続を提供する」(注14)ためにデザインした。

一方、自動車メーカーの幹部は、自動車が完成して出荷された後で改善する唯一の方法は、きわめて高くつくアップグレードかレトロフィット(改造)のために工場に戻すしかないことを「知って」いた。そのため初回で正しく製造を行い、最新テクノロジーをできる限り多く自動車に盛り込むことがきわめて重要だった。このプロセスを迂回する方法はなかった。そこに登場したのがイーロン・マスクとテスラだ。彼らは、ソフトウエアを使って自動車のアップグレードやアップデートができることを我々に教えた。2016年3月になると、テスラ・モデル3への需要は自動車業界で空前の高まりをみせていた。発表から1週間以内に32万5000台以上の予約を受けたのだ。マスクは自動車の生産プロセスの改革に手を付け始めていたが、それと同時に、自動運転の電気自動車は指数関数的に伸びるという信念に基づき行動した(注15)。同社はこれまでの正説を捨て去り、加速のための「インセイン・モード(Insane Mode)」などのソフトウエアを夜間にリリースして顧客を常にワクワクさせてきた。本書執筆時点でテスラは依然として生産上の課題に取り組んでいるが、マスクは自動車の世界を永久に変えた。

数十年にわたり小売業者は、成功の秘訣は素晴らしい店舗、戦略的品揃え、顧客を引き込む有効な店頭プロモーションの組み合わせであると「知って」いた。彼らは投資家に見捨てられないためには経済的な持続可能性と利益率の拡大を実現して示す必要があることも「知って」いた。そこに登場したのがジェフ・ベゾスとアマゾンである。

これら多くの事例が示すように、起業家は以前からの習慣や信念体系を捨て去ることにより、不確実性の世界の舵取りをして成功する。これにより、最初の原則を適用して最も直接的に顧客のニーズに応え、成功のための人間行動を推進することに焦点を合わせることが可能になる。

しかし重要なことがある。既存の業界を揺さぶる革新的なスタートアップ企業のことで頭が一杯だとしても、初心を保つことの威力が発揮できるのは新興企業だけには限らない。

ＩＢＭの事例を引こう。ＩＢＭは少なくとも2回のＣＥＯ交代を経ながら、正説に体系的に疑問を呈することにずっと成功してきた企業である。ルイス・ガースナーが１９９３年に経営者の座に就いた当時、同社の業績は絶好調だった10年前から直近の大不振まで大きく揺れ動いていた。ある内部関係者は「ＩＢＭは成功を極めていました。その前の20年間で我々は企業向け汎用コンピュータを実質的に発明し、１９８４年までにわが社は米国金融界の人気者になっていました。しかしそれから10年もしないうちに終わりを迎えました。１９９３年には80億ドルと、当時米国企業で史上最大の赤字を出しました。いくつもの主なテクノロジーの変化を見過ごしていました。それまで『ＩＢＭ製品を買ったからといってクビになった人はいない』と言っていた顧客は、わが社を捨てて、軽快かつ機敏に動いているライバルに移っていったのです」(注16)

ＩＢＭはかねてからイノベーションの文化と生涯雇用の保証を自負していた。後者は、おそらくは常に「無難な選択肢」であることを知っていることからくる慢心のせいであった可能性がある。「Think（考えよ）」という企業文化のもとに、ＩＢＭの社員は時間をどう使うかに関してはかなりのびのびさせられていた。しかしガースナーが取り組んだのは、財務に責任をもつことだった。ガースナーは財務的な目標に焦点を絞り、マネジャーに目標達成への責任をもたせ、未達に終わった場合には解雇することにより、速やかに正説と慢心を打ち捨てた。確かにレイオフで社内の多くの不興を買ったかもしれない。しかし古いプレイブックと思い込みはもはや通用しないという明確な警告となり、問題解決のための一部商品の廃品、新カテゴリーの構築、商品の抱き合わせなど、同社の他の動きがより効率的に根付くことに役立った可能性がある。

間もなくガースナーの経営手法はそれ自体が一種の正説になった。彼がリーダーの座について10年後にIBMには4つの主力事業があった。ハードウエア、ソフトウエア、サービス、パソコンである。本社の経営会議（corporate executive committee、CEC）が、事業部および中核の本社機能のリーダーを含めて同社の監督を行った。このモデルは、世界的に統合された一つの事業体として活動し、170カ国の企業にエンタープライズ・ソリューションを提供することを戦略的な責務と見なす企業にとって有効だった。同社はその栄光とビジネスモデルに満足し、安穏とすることもできただろう。

しかしこの15年間にさらに2人のCEOが登場して、状況を揺るがした。まずサミュエル・パルミサーノは、「貴族の評議会」と称されたCECを解体した。それは「現在あらゆる企業や政府が直面する問題の解決に使えるように、世界中の誰もが創出する数兆もの情報を分析しなければならない時代」（注17）が来ることを予測してのことだった。変わりやすい顧客ニーズに素早く対応するためには、敏捷さを高め、中央集権的な意思決定を見直す必要があった。パソコンとハードウエアという戦略的に重要でＩＢＭのイメージの中心であったものの、利益率が低い伝統的な事業を整理することも欠かせなかった。

業績好転の余勢をかってか、パルミサーノは２０１０年にＩＢＭのＥＰＳ（1株当たり利益）は5年以内にほぼ倍になると予測した。２０１２年にＣＥＯの座を引き継いだジニ・ロメッティは、その目標を達成しようとしたら、ＩＢＭが再度自己改革を行う能力の妨げになりかねないと即座に認識した。そのため彼女は個人的なリスクをとり、就任後2年目でその計画を取り下げた。それ以降ロメッティはＩＢＭをクラウドベースのソリューション事業に転換するという使命を負い、投資および事業の売却で大胆な動きをとっている。ロメッティは任期途中だが（昨今の業績悪化はよい結果で終わらない予兆となるかもしれない）、常識に疑問を呈することにより成功するという、先人の足跡を辿ってきたことは明らかだ。

これらの事例で肝心なことはオークランド・アスレチックスのビリー・ビーンとは異なり、どのリーダーも、明らかに失敗であるモデルを出発点とはしていないことだ。各々は、警戒警報が発令されるずっと前から正説に疑問をもつことに前向きで、個人的にも評判の面でも相当なリスクをとった。彼ら全員が、常に変革し、過去に物事が行われた方法に疑問を呈する文化を構築した。ロメッティは、「過去を守ろうとしない限り内部の人間かどうかは問題ではありません」（注18）と発言している。現在の企業では正説に疑問を呈することに後ろ向きな様子を目にすることが多い。またほとんどの組織図で下にいけばいくほど、その傾向は強まる。

無常観（Impermanence）を取り入れる

従来のビジネス研修には、永続性というマインドセットが深く根付いている。第2章で論じたように、最近まではこの立場をとるのは妥当だった。本書のための調査を行ううちに、ビジネスプロセスの発祥について考察し、漸進的に進み中断されることのない歴史の流れの回想を何度となく目にした。最も畏敬される経営の理論家や歴史家でも、常に進歩する状態が無限に続くことを前提とした発展論をもっている。無限の進歩は、単なるビジネスプロセスや、マクロ経済発展についての抽象的な話には該当する。

同様に、企業は通常、倒産することはないと信じている。何年もの間、多くの人や企業にとって、それは基本的に真実だった。1900年代初期からほんの数年前まで、市場競争に必要なビジネスモデルは、業界構造についての前提と共に、予測可能であり、安定もしていた。20世紀初期には規模と範囲を通じて競争優位が構築できた。それが構築できたら、継続的に業績を改善するために必要なのはオペレーショナル・エクセレンスに従うことだけだった。その少し後で戦略の専門家が登場し、差別化が重要だと説いた。差別化を行う方法には当然の制約があること、たとえばコスト、利便性、機能などの間でトレードオフをしなければならないことを我々は認識した。もちろん他社と競争しなければならないが、それは、基本的に差別化がうまくできていれば永久に存在して競争できることを前提としていた。

従業員についてもほぼ同じことが言える。ほとんどの従業員は、いまなお終身雇用を心底信じているわけではないが、多くの人はそうであるかのように振る舞っている。

そんな時代は終わった。本当に気持ちを入れ替えてプレイブックを吹き飛ばす必要があるなら、諸行無常、永遠に続くものはないという考えを取り入れなければならない。個人レベルでは、終身雇用はない。我々は自らキャリアを築き、機会の追求に備えなければならない。その対極にあるマクロ経済では、これまでと同じように国々が直線的な発展を遂げるのではなく、最先端経済が予期せぬ方向に進むのを目にすることになるだろう。アフリカのサハラ以南で固定電話より携帯電話が先に広まったことから、中国における新資本主義の興隆にいたるまで、予想外の新たな方法で先進国経済を飛び越えている。

しかし本書に最も関連するのは、永続しない構造、プロセス、システムの構築に備えなければならないという考え方だ。

実用最小限の動き（Minimally Viable Moves：MVM）

2人の人間が、どういうわけか、真っ暗闇の中で鬱蒼と木が茂った見知らぬ森を歩いていることに突然気づいたとしよう。Aさんは、運動神経と方向感覚に自信があるので、できるだけ速く森を抜けようとして大股で前に進む。最初の数歩は大丈夫だったが、4歩目で丸太に躓く。つんのめって苔の生えた岩を踏んで滑り、バタンと倒れるのを防ぐために両腕を振り回し、とがった木の枝で顔を擦りむく。

アイタッ。まずい。

一方Bさんは、同じく懸命に森を抜け出ようとするが、運動場ではいくら速く走れても、真っ暗な森のなかでは役に立たないことにたちまち気づく。彼女は一歩一歩慎重に進む。暗い中で片足を前に出し、つま先が何かにぶつかったら足を地につけ、もう一方の足を前に進める。少々曲がりくねってはいるが、常に前進し、その過程で一歩一歩、歩幅をできる限り広げることを学ぶ。ゆっくり進みながら彼女は地面のパターンも学ぶ。丸太にぶつかって入院する羽目にならないように、進みながら体勢を調整する。パターンに慣れ始めると、さらに多様な刺激に注意を向けることができるようになり、それは下界に向かって歩いて行くのに役立つ。彼女は森を抜け出るが、それが最短ルートだったのかどうかはわからない（将来知ることもないだろう）。しかしそれはよいルートであり、多くを学び、方向を常に是正しながら抜け出るのに成功した。そして彼女は、不運なAさんのような傷を負わずに、不確実性の高い森から早く抜け出ることができたのだった。

ここからの教訓は、失敗を避ける最善の方法は、不確実性が支配する空間においては、間違ったと判明したら即方向を改められる動きをとるようにすることだ。そうすれば、理想的には、完全に失敗するのを避けられるだけでなく、動きのたびにちょっとしたことが学べる。それによって将来類似した状況でさらに効果的に動くための知識基盤の構築が始められる。これは、イノベーションに取り組む際のデザイン・ドリブンのアプローチでよく使われる考え方の延長だ。その考え方とは、実用最小限のオファリング（Minimally Viable Offering：MVO）を素早くプロトタイプ化する周期を「機敏」に反復して活用することである。この方法の眼目は、少し構築して少し学び、また少し構築してまた少し学ぶことを、完全なソリューションができるまで繰り返すことだ。この過程のどの時点においても、失敗に終わる可能性があるほど大きなステップは踏まない。この過程の終了地点では、結果として出てきたソリューションが最良のものであるかどうかはわからないが、ある程度の成功を与えるよいソリューションであることはわかる。

私たちは、これを若干拡大したバージョンを実用最小限の動き（Minimally Viable Move：MVM）と呼ぶ。それは、不確実性に直面した際のほとんどの事業活動で適用されている。

私たちにMVMの手ほどきをしてくれたのは、ジョン・シーリー・ブラウンである。彼は私たちデロイトの同僚で、シリコンバレーでは「JSB」という名前で知られている。ほとんどの人はJSBを1990年代におけるゼロックスのチーフサイエンティスト、そしてパロアルト・リサーチ・センターの理事として知っている。コーニングやアマゾンなど画期的であることで知られる企業の取締役会の一員であり、過去50年間コンピュータおよびデジタルのあらゆるものの先駆的な研究者であった。先ごろ私たちは、JSBと、あるグローバル超大企業の多数の幹部たちとの討論に参加した。デジタル時代にさらに効果的に他社と競うために、どうすればこの巨大タンカーのような組織を少しでも転換させることができるのか。誰かがJSBに、初期のコンピュータ研究から学んだもののうち、未知のものに直面したときにリスクをとり、発展するのに役立つものは何であるかと尋ねた。彼はニンマリと笑った後で、信じられないという顔をした。そしてこう発言した。「わかっていただきたいのですが、私たちはリスクをとっているなんて考えていませんでした。鋳掛屋のようにいじって直していただけです。何かをやってみて、それがうまく行ったら結構なことです。ダメだったら何か別のことをしてみる。自分たちのやったことで失敗だと思うものはありませんでした。なぜならいつも学ぼうとし、あまりうまく行かなかったら、改善していただけだからです。全員が鋳掛屋として成長したのです」

残念ながらほとんどの企業は、いじって直すことをしない。社員は徒弟のように学び、熟練することを目指して働く。メンターのやり方を再現できると証明できるようになったら、初めてさらに大きな任務を負う。当然ながら過去に熟練とされたものが将来は意味がなくなる恐れはある。テクノロジーの進化が経済に与える影響はどんどん広がりつつあるため、熟練者もスキルの競争力を保つために、いじって直さないでいる余裕はない。常によりよくすることに取り組むために実用最小限の動き（ＭＶＭ）をとることは、進歩するための偉大な方法だ。

私たちはこの原則をリスクマネジメントという広範な分野に適用したいと思う。リスクマネジメントは現在の組織にとって重要な機能であることは間違いない。リスクは現実のものであり、組織の存続のために企業は有意義な管理方法を整備しなければならない。セキュリティ侵害が発生したらそれに対応することは、そもそも防止することと同様に重要であるため、サイバーセキュリティを始めとする安全対策には関心、注意、事前計画が必要である。

しかし私たちは状況の変化を踏まえて事業リスクを検討している。リスクマネジメント体制の課題について話すと、通常聞かされる不平は大きく分けて、緩慢である、面倒だ、結局のところリスクを本当に把握していない、などである。

私たちの見解は、組織はリスク掌握とリスクマネジメントを混同しがちだ、ということだ。企業はできるだけ事態を掌握することを好む。結果に有意義な影響を与えることを掌握の定義とすると、実は現実に掌握する代わりに、掌握していると感じたがっているのだ。確かに、イノベーションや新規事業戦略に絡む多くのプロセスやシステムは、マネジャーに掌握しているという感じを与えてくれる。「できることはすべてしたのだから、いい気分だよ」と。現実に起こる可能性のある結果の範囲を狭めることこそが、リスク低減の意味である。しかし作業をより多く行ったとしても、それに結び付くとは限らない。

第II部では、リスクマネジメントにおける2種類の失敗について検証する。これは実用最小限の動き（MVM）という考え方と結び付いている。1つ目の問題は、新製品・サービスの開発に画一的な方法で取り組むことだ。よく使われるのが古典的なフェーズゲート方式だ。リスクの種類はさまざまである。異なる問題に同一プロセスを適用することは、ほとんどの場合有効ではない。通常その結果、市場に出して反応を見る以外にうまく管理する方法がないようなアイデアの開発速度が鈍くなることだ。

2つ目の種類の失敗は、この反対である。「思い切った動き」をとるように圧力がかかった企業が、そのアイデアにメリットがあるかどうかを確認するために、必要以上の投資が必要なものを市場に導入する場合だ。それが結果的に失敗であると、リーダーたちは平静を装い、失敗を称賛しようと提案する。

この2種類の失敗とも、実用最小限の動きの原則に従えば、起こらない。知ることが可能で予知可能な課題であれば、経済的に魅力的な水準までリスクを管理して減らすために必要なあらゆる資源を投じるべきである。この場合は、古典的なリスクマネジメント手法がうまく働く。しかし新たな課題が発生した場合に、過去の問題のために設計されたツールを適用して失敗したら、トライ・アンド・エラー（試行錯誤）の出番だ。エラーが起こった場合に、苔の生えた石を踏んですべり、枝で顔を擦りむくような痛手を負わないようにするだけでよい。

実用最小限の動きの実例を目にしたければ、「メーカー・ムーブメント」の成功を考えてみよう。メーカー・ムーブメントは、自称イノベーターと自称起業家が中心となって運営する現代的なコミュニティで、彼らはDIY志向と知識共有の熱意を組み合わせて、世界に向けた提供物を「メーク」する。メーカーたちは最新テクノロジーとイノベーションを採用（創造する場合もある）し、よりよい商品を構築する精神で、創造あるいは（プログラムの）改善を行う。メーカー・ムーブメントは民主的、協力、共有、構築の文化が特徴であるブランドに発展している。メーカー・ムーブメントに使われている学習、共有、販売のプラットフォームは、商品、資材、ビジネスモデルのイノベーションの新たな可能性に繋がっている(注19)。

一部の企業は、すでにこのメーカー・ムーブメントから成功を生み出している。サンフランシスコのオープン・ソースのツールショップで誕生し、いまや10億ドルの売上を誇るスクエアの出発点は、共同設立者のジム・マッケルビーがひと月かけてカードリーダーのプロトタイプを構築したことだった。それが、このカード決済サービスの新興企業を成功に導いた。フェイスブックの以前のモットーである「素早く行動し、破壊せよ」は、メーカー・ムーブメントを具象化したもので、同社の組織全体に適用された。それゆえに、フェイスブックのユーザーが現状のままでまったく問題ないと感じているときでも、前進し続けさせる文化と経営スタイルが形成された(注20)。

このような、いじって直すことへの回帰が企業間でより顕著になるにつれて、企業がイノベーションを前進させる既存の方法を見直すチャンスが出てくる。

第Ⅱ部のねらい

第Ⅱ部では、7種類のプレイブックを取り上げ、各々に1章をさき、どのように狙いを定めて解体するかを示す。ここで紹介した4つの原則である人間行動の深い理解、初心で取り組む、無常観を取り入れる、実用最小限の動き、を使ってその方法を説明する。

最初は「財務計画を解体せよ」である。そこでは行動ではなく結果として収益に焦点を絞ると、意図せぬ結果を招くことを論じる。幹部は、どれだけ多くの顧客を競合他社から奪い取るつもりなのか、顧客の行動を変えさせるために何が必要なのかを熟慮せずに、「将来もっと素早く成長する」というように目標を言葉にすることがある。

「カレンダーを廃棄せよ」では、望むと望まざるとに関わらず、毎年同じ時期になされる傾向がある、戦略プランニングを検証する。どの企業も、顧客行動はたまたま地球が太陽の周りを一周する公転と正の完全相関があると考えているかのようだ。相関関係はなく、企業は行動の変化の期間に合わせて計画のスケジュールを変える必要がある、というのが私たちの見解である。

「専門知識に抗え」では、組織における「シンジケート・データ」と呼ばれるものの活用を検証する。シンジケート・データは、第三者企業から誰でも購入可能なデータだ。企業はこれらのデータを使って、毎日重要な意思決定を下すが、重要なことを忘れる傾向がある。それは、誰もがそのデータを入手できるので、本当の意味での競合優位は得られない、ということだ。

顧客の行動パターンを調べることは、彼らの態度と好みを学ぶうえでおそらく最も信頼でき、有効な方法である。「インサイトを覆せ」では、なぜ行動を観察することは質問をするよりよい方法であるかを検証する。

「コントロールを放棄せよ」では、フェーズゲートのイノベーション方法の急増と、いかにそれが画一的な方法で適用されているかを論じる。リスクと不確実性の程度がさまざまなプロジェクトに同じプロセスを使って、よい結果を期待することはできない。

「陳腐なスローガンは破り捨てろ」では、報いるべき行動を論じる（「大きなリスクをとって失敗することではない」がヒントである）。「無常観を取り入れろ」では、組織モデルを論じ、どんな組織構造であっても、永久性を過度に織り込むことは名案ではないと考える理由を説明する。

さあ、*Detonate*（爆破）に手を付けよう。

第 II 部

プレイブックを破壊せよ

第4章

財務計画を解体せよ：収益を気にするのは最後でよい理由

1995年、当時躍進著しかったカナダのドーナツ・チェーン、ティムホートンズは、買収案件として目を付けられ始めていた。モニター グループ（現在はモニター デロイトに社名変更）はあるクライアントのために同チェーンの潜在価値の評価を行っていた。ティムホートンズは2000年までに店舗数を2000とするのが目標であると公言していた。このクライアントやその他の入札者が払ってもよいと考える買収価格は、この目標を達成すると信頼したうえでの予測値だった。そこで私たちのチームは、この売上目標の土台である前提を検討し始めた。

2000年までに2000店という目標は達成可能なのか。さまざまなレポートによるとカナダはすでに人口当たりのドーナツ店数が最も多い国になっていた。オンタリオ州のセント・キャサリンズやニュー・ブランズウィック州のモンクトンなどは特に飽和状態が進み、おそらく20人に1軒の割合にもなっていた。一体カナダに何店舗あるのかを把握するためには、トロントの公立図書館で主要都市すべてのイエロー・ページを借り、載っているドーナツ店を数えて手集計するという気が遠くなるような作業に取り組まなければならなかった。それは何日もかかった。

私たちが確認したかったのは、ティムホートンズが2000年までに2000店という目標を達成するとしたら、カナダ全体の飽和率はどの水準になっているかであった。市場全体でドーナツ店が増え、ティムホートンズの市場シェアが同じか若干伸びるとしたら、「圧力テスト」により成長の前提条件の弱点を暴くことができると私たちは想定した。当然ながら私たちの結論は、ティムホートンズが店舗数の目標を達成する可能性はきわめて低く、それゆえにこれほど飽和した市場で売上目標を達成することも難しい、であった。コストはそれまでと同じく収益の一定の割合を保つと想定したうえで財務予測を完了し、万全な報告書を提出した。

どれも議論の余地がある問題だった。このプロジェクトが完了する前にティムホートンズはウェンディーズに買収された。ウェンディーズは、同社の米国市場への参入を見込んだためにより高値を付けることができた。そうなったからにはどうでもよい話だが、私たちのチームは間違っていた。とんでもなく間違っていた。

ティムホートンズは2000年までに2000店舗の目標を実際に達成し、現在カナダにはおよそ3500店、世界中では4000店舗以上をもつ（店舗をすべて手集計したスティーブは、図書館で苦労した日々と比べていまならインターネットを使って10秒以内にわかると、いまだに憤慨している）。私たちはどこで間違ったのか。

第1にティムホートンズは、ドーナツ店は独立店舗でなければならないという観念に疑問を呈した。そしてガソリンスタンドに売店を出し始めた。それは強力な成長ドライバーであることが判明した。消費者は、給油もできればお腹も満たせる点が気に入ったのだった。同社は、優れた顧客サービス、カナダ人の感情に訴えかけるブランディング、メニューを拡大することで利用の機会を増やし、消費者にティムホートンズに行こうかと思わせることに焦点を絞ることによりライバル企業から破格のシェアを奪った。

私たちは、ティムホートンズが、前日と変わらぬ世界で今後も出店して行くと想定していた。ところがティムホートンズが、世界を変えた。どうして私たちはそこを間違ったのか。

私たちが行ったティムホートンズの財務予測は、一般的な組織で行われている通常の財務予測プロセスとさほど違っていない。典型的な財務予測プロセスを様式化したものと、ほぼ同じである。

翌年の売上がどれくらいになるかを考える場合、過去何をしたかを振り返り、業界が翌年何をするかの「専門家の予測」と比較して、自社のシェアがどのように増えるかを考え、売上目標を出すというのが通常だ（シェアは必ず増えるという前提になっている）。売上目標が確定すると、どれだけの利益を上げたいかを問う（会議で売上目標の話が出ても、変更されることはない）。それは、資本市場や重要な社内グループにコミットしたこと、あるいは債務返済などに充てるために必要な額で左右される傾向がある。この段階になって初めて、コストに戻る。売上が「わかった」ので、利益目標を達成するためにどれだけのコストを賄うことができるか、である。

その後予算作成プロセスが本格的に始まる。組織が妥当で必要だと考えるコストと、売上目標および利益目標との間の「ギャップ」が確認される。このプロセスが毎年毎年繰り返される。

そして第1四半期に目標を達成できないと、すべてが放棄される。予測を「し直し」、コストを取り出して考え直さなければならなくなる。このサイクルが繰り返される。

これは単に私たちの観察だけに留まらないことを確認するために、多数の既存企業にこの分野における行動を報告してもらった。ほぼ78％は、目標とする財務成績から予測を開始するという回答であった。

企業行動の分析

実質的に通常の財務予測プロセスは、誤った常識を前提としている。中核となる前提は、「将来は過去と同じ」である。それ自体が、まったく論理的に意味をなさない、世界に関するいくつかの思い込みの表れだ。

第1に、売上は未来にわたり予測可能な方法で続くという不可侵の権利が企業にはあると想定している。ほとんどの予測が売上から始まっているという事実は、企業がこのまま続けていきさえすれば、顧客はいつも買ってくれるという前提に立っている。そして企業が続けていくものとは何なのか。それは、もちろん支出である。そのためには、支出は過去の売上に占める割合という予測可能なパターンに従い続けるということを前提とする（調査によれば、68％の企業は売上目標の何％というかたちでコストを予測している）。私

このトレンドは拡大傾向にあります。
そしてヒッピー的なあごひげも今後も
すたれることはありません。
TOM FISH BURNE

たちは最近これに正面から取り組もうとした。もし社外環境に3つの非常に異なる事態が起こったら、売上はどのようになるかをクライアントに想像してもらった。すると売上予測は各々の場合の数パーセント以内に収まっていた。将来と過去を切り離すのを苦手とするのは、紛れもない人間の特性である。

このパターンは、どの時代の現実も反映していない。実は、現実の動きは正反対である。コストが売上を生むのであり、その逆ではない（注21）。売上が過去と一貫した動きをとらないのは「なぜ」かを問わないということは、売上の根本的な原因、すなわち顧客の行動を見失っているということだ。毎年、あなたの会社にとって有利な行動をする理由を顧客に提供しなければならない。商品やサービスの購入を単に続けることであれ、ライバル会社からのスイッチであれ、より高い金額を支払うことに合意することであれ、根本的な誘因がなければならない。習慣的な購入（店に行くたびに同じブランドの牛乳を買うことなど）や、期間固定の定期契約プランなどの単純なものかもしれないが、なぜ顧客がそのように行動するのかを問わなければ、その行動がどのように売上を左右しているかの理解を損なう可能性が高い。売上を導くためにどのような行動が起こる必要があるかを考えれば、その行動を引き起こすために、企業は何に支出するべきかを考えざるを得なくなる。それは過去と同じことのように見えるかもしれない。しかし多くの場合はそうではない。残念ながら企業がこれほど突っ込んだ問いを自らにするのは稀である。

このように、企業が導くべき根本的な行動を軽く扱うことが多いのに加えて、財務予測時には不可知であるという理由から、競合他社の動きの影響を軽視することも多々ある。競合他社は過去と同じように行動するだろうというのが暗黙の前提であるが、それにも問題があるのは明らかだ。私たちの調査では回答者の75％の企業は、前年の支出を基にコストを予算化している。

売上は、過去の財務成績が与えてくれるものではない。それは毎年毎年、市場で稼ぎ出すものであり、戦って得るものだ。そしてほとんどの市場で、競争は激化しても緩和する

今後5年を見越した予測を
立てる必要があります。
このフロッピーに入っている
データから何が学べるか
見てもらえませんか。
フロッピーって
何ですか？
TOM FISHBURNE

ことはなく、戦いはどんどん厳しくなる傾向があるのだ。

2つ目の理由は最初の理由から導かれる。もし過去の傾向線が今後も続くと想定するのであれば、より少ないものでより多くを行う機会は最小になる。支出を抑えながら目標とする顧客行動を達成することは可能だろうか。売上を上げるためには行動に明確に焦点を絞る必要があるが、それを怠ることにより、資金を使いすぎていないかと問うチャンスも失う。「ゼロベース予算（zero-based budgeting）」という手法を使うことによりこの現象に取り組もうとしてきた企業もある。

ゼロベース予算では、毎年初めに予算はゼロになると想定し、支出の1ドル1ドルが正当なことを説明できなければならない。これは前年度の支出に基づいて予算を組む現象の解消を意図している。この手法は50年前にテキサス・インスツルメンツのコントローラーであったピーター・ピアーによって考案された。ピアーは企業が変動期にあるときにコストを減らす方法を調べていた。ゼロベース予算は当時のジョージア州知事であったジミー・カーターの下でも適用されたが、フォーチュン500企業にはあまり採用されなかった。より最近では、ブラジルのプライベート・エクイティ会社である3Gキャピタルがクラフトフーズ・グループ、バーガーキング、ハインツなどの巨大企業を買収する際に使われた(注22)。

ゼロベース予算は出発点として優れており、その原則は健全だ。次のセクションでわかると思うが、このアプローチと、支出により引き起こそうとしている行動変容を結びつけることが重要なのだ。

もう1つ現在行われている財務予測の意図せぬ弊害は、経営者の注意が、実際に重要なこと、すなわち業績の改善ではなく、現実と計画が違っているのはなぜかに向いてしまうことだ。ほとんどの企業において、相当の業務が計画のトラッキングと管理、そしてその後は負の変動の分析と説明に捧げられている。計画が完成すると、組織は計り知れないほどの時間と労力をかけて、現実の世界と紙に書かれたものが違うのはなぜかを理解しようとする。その時間を実際の業績の改善に費やすこともできるのに、である。残念ながら正の変動が同じほど綿密に検証されることはない。そのため誰も、どうすれば異なる状況でより優れた業績が得られた可能性があるかを知ることはない。

計画と比較することで、現実世界において自社のパフォーマンスは顧客にとってどうなのかから目を逸らすことになる。計画との差を説明するために費やす1ドルは、自社が競合他社と比較して顧客の目にどう映っているかを理解するために使うほうが有意義だ。また焦点が顧客行動ではなく、財務計画に沿っているか否かに絞られている場合、長期的には事業にとって最善とはいえない決定を下す動機も生み出す（ただしそれらは計画を作成し、ミーインク（ジブン会社）を最大化するのには役立つ）。計画と比較しても、業績の原因が何であるかは実際にはわからない。そのため組織が誇らしげに実績が計画を凌いでいることを示しても、顧客セグメント内の市場シェアの有意な変動など、将来の収益性に関する好ましくない多くの要素が隠されてしまう可能性がある。

また企業は、厳格な財務計画の存在は、それに時間を費やさなかったら達成できていたかもしれないものと比較して、実際に市場で勝つことに役立つと想定する。これが有効な方法で正式に実証済みであるか否かは不明であるが、私たちは計画が存在することの波及効果を実際に目にしている。企業は、財務予測があるために、成功を市場競争とではなく、予測と比較せずにはいられない。企業は、いかに予測が正しかったかを、実績がライバルと比べてどうかよりも気にする。

財務予測プラクティスに関する問題を指摘したのは私たちが最初ではない。しかし次の2つの疑問を提起しておきたい。

1 組織がそれほどの時間と労力をかける論理的根拠は何か。
2 何を得ることを期待するのか。

計画立案プロセスは、事業結果に影響を与える全変数を制御できなくとも、状況を掌握しているという錯覚を与えてくれる。それは非常に人間的な傾向だ。人の頭脳は、状況をコントロールしているという感覚に非常によく反応する。人は心が安らぐ環境を求める。それゆえずっと以前からの習慣があったり、若いころしたことをいまも楽しんだりする。既知のことは心地よく、不確実性は一般的に不安の原因になる(注23)。この関係に関しては、科学的研究が相当になされている。その結果、すでに直感から明らかになっていることに近しい。不確実性は、有効かつ効率的に将来に備える能力を低下させる。これは一般的な意味で不安と呼ばれる、思考の機能不全につながる。不安障害全体で最も一般的な特徴は、「脅迫的不確実性の状況下における常軌を逸した過剰な予知反応」（注24）である。

我々は、不確実性に対抗する認知的防衛をとってこの不安感を緩和する。行動経済学者はこれを「コントロール幻想」バイアスと呼ぶ。このバイアスがあると、「自分の環境を、現実より強くコントロールできるように感じる」（注25）。コントロール幻想は、高速道路でスピードを出しすぎることから、きわめてリスクの高い案件に投資することまで、あらゆる軽率な行動につながり得る。事業にしっかり向き合っているのに、指数関数的破壊の兆候を無視してしまうこともその1つだ。

モニター グループの元共同リーダーであり、2017年にThinkers50によって世界No.1経営思想家に選ばれたトロント大学ロットマン経営大学院の学部長であるロジャー・マーティンは、その著書、*The Design of Business* において、信頼性と有効性の概念の違いを論じている（注26）。信頼性は、試験を繰り返したときに同一の結果が出せるかどうかを指す。有効性は、その試験が測定するとされているものを測定できるかどうかを指す。この違いを説明するのによく使われるのがIQテストだ。IQテストが人気な理由は、きわめて信頼性が高いからである。長期的に何度行っても点数はあまり変わらない。したがって試験を実施する人はその点を指摘できる。また、テスト結果が変動して困惑させられることもない。しかしＩＱテストの有効性は、結果が現実世界での成功とどの程度相関しているかで決まる。それは疑似相関（訳注：因果関係はないのに、見えない要因によって因果関係があるかのように推測されること）である。結局のところ、現実世界での成功を予測することはきわめて難しい。しかし人々はＩＱテストの信頼性を好み、いまなお毎年使っている。信頼性自体には何の問題もない。実は、優れた試験は有効であると同時に信頼性が高くなければならない。

組織が信頼性に惹かれるのは、事態を掌握していると感じる必要性を支えてくれるからだ。信頼性はセキュリティブランケット（安心毛布）のような役割を果たす。しかし毎年毎年、信頼性が必要とされると、それは常識を左右する強力な原動力になる。すなわち、我々の「モデル」は有効であり続ける、という常識である。マーケティング費用の媒体別（ＴＶ、印刷媒体、屋外、デジタルなど）の最適な配分を決定するためのマーケティング・ミックス・モデルの例を考えてみよう。これらのモデルはかつて、ＴＶ広告は企業に最高のリターンをもたらすことになると示していた。ところがその逆を示す観察可能な変化はすでに起きていた。たとえばＤＶＲの広告スキップ技術が多用されているだけでなく、消費者がデジタル媒体に費やす時間は、ますます増えていることだ。この２つの動向から、マーケティング投資をより素早くデジタル媒体に向けるべきであった。しかしマーケッターたちは、なかなか投資対象を変えなかった。主な理由は、メディア・ミックスを評価するモデルが、本当の進化を遂げて外の世界を適切に反映するようになっていなかったからだ。その結果、消費者の行動は根本から変わったのにマーケッターは自らの行動を変えることを怠った（注27）。

端的に言うと、このモデルは有効でなくなっていた。それを支えていた基本的な前提が正しくなくなったからだ。それでもモデルの有効性に疑いの目を向けることを考えた組織はほとんどなかった。そのためモデルが意思決定者になった。財務予測もこれと同じである。一般的に予測に近い結果が出ると、予測プロセスとその働きへの信頼はさらに高まる。信頼性を求める組織にこのようなプロセスを一切放棄させることが非常に難しいことはわかっている。そのため私たちが狙うのは、現存しているさまざまなプロセスの有効性を高めることである。

Detonate の基本原則をどのように適用するか

それは、財務計画を一切諦めるべきだということだろうか。現在ほとんどの組織が行っている方法か、計画立案をまったく行わないか、どちらかを選択せねばならないとしたら、それは後者かもしれない。それによって節約される時間と資源は驚くほどだ。それが、より優れた顧客インサイトを得ることや、顧客を喜ばせるものに再投資されるなら、トレードオフを行う価値はあるかもしれない。とは言え、本当に顧客にとって重要なものは何かについて優れたインサイトを得て顧客について学ぶ一方で、有効かつ信頼性が高い、よりよい計画方法があると私たちは考える。

適用したい基本原則は、事業の基本構成要素、すなわち「行動」に焦点を絞ることだ。どんな行動を顧客に起こさせたいかを軸に事業計画を立て、それと切り離せない財務計画を作成する。言い換えると、財務の数値は顧客の行動変容の結果になる。それが現実世界の姿である。

これを実践する単純な方法は、「望んでいる事業結果の達成に最も役立つ顧客行動の大まかな目標は何か」と考えることである。次に挙げるのは、既存顧客を対象とする大まかな行動の目標である。

1 現在購入しているのと同じ方法で自社の商品やサービスを買い続ける。
2 現在購入しているのと同じ理由で自社の商品やサービスをより多く買う。
3 現在購入しているのとは別の理由で自社の商品やサービスをより多く買う。

現在は顧客ではない見込み客に対する大まかな行動の目標としては、次が挙げられる。

1 競合他社の商品やサービスから自社の商品やサービスへ切り替える。
2 自社が販売しているカテゴリーの商品やサービスの購入を決める（顧客がこのカテゴリーを購入し始めれば、自社は一部のシェアを獲得できる）

当然ながらこれらはきわめて大まかに分けた行動のカテゴリーだが、企業が目標を明確にするための最初の指針として役立つ。また顧客セグメントが違えば、事業結果を牽引する行動も異なることに気づくかもしれない。行動目標を設定したら、その行動目標に繋がる一連の顧客行動をさらに明確にする必要がある。テクノロジーと市場競争の状況変化も考慮に入れる必要がある。

あなたは、ある牛乳ブランドのメーカーだとしよう。既存顧客に望む行動目標は、他のブランドではなくあなたのブランドの牛乳を購入し続けることである。多くの消費者にとって牛乳の選択は、長年にわたり同じ店で同じ日に買い物をすることで徐々に形成された習慣である。牛乳を買いにコンビニに走った場合、多くの消費者はいつもと違うブランドを買うかもしれない（コンビニがスーパーと同じほどブランドを揃えているのは稀だからだ）。しかしいつものスーパーでの習慣的な買い物であれば、「いつもの」ブランドの購入に戻る。牛乳メーカーが設定すべき目標は、自社の事業を支えるこの習慣を強化することだ。しかしこの戦術にはより広い世界を考慮に入れる必要がある。買い物の習慣が、宅配など異なる食品販売業態によって破壊されたらどうなるか。それより悪い例として、サードパーティが必要な食材全部をまとめるミールキットの宅配サービスに、顧客が加入したらどうだろう。その場合、牛乳を選ぶことすらしなくなる。誰かがそれを行うのだ。正しかった戦術は、ある日そうでなくなる可能性があることを忘れてはならない。行動目標を取り巻く習慣が変化したら、事業目標を達成する他の行動にコストを振り分ける必要があるのだ。
顧客の行動変容の結果に焦点を絞るのに有効なツールは、カスタマー・ジャーニー・マップである。このマップを作成すると、顧客は、企業に有利な行動をどのようにしてとるかが明らかになる。その行動に至るまでのさまざまな方法を明確に描くことにより、顧客行動に影響を与えるための戦術が決定でき、最終的には売上を達成する結果となる（そのコストを判断することもできる）。このようにすれば、企業は現実世界の顧客行動を土台に財務数値を決めることができるのだ。

これを具体的に考えるために、ニューヨークにオープンしたレストランを例にとろう。このレストランは、近所に住む家族から初めて出前の注文をもらうことを望んでいる。数年前まで何を食べるかを決めるまでのカスタマー・ジャーニーにおいて、レストランにとって最も重要なことは、一般家庭にメニューを保存してもらうことだった。そのため宅配のたびに配達員にメニューをもたせ、隣の家のドアの下の隙間から滑り込ませてもらっていた。これは効果的で安価な宣伝だった。メニューはその家の引き出しに収まり、出前の検討対象グループに入った。引き出しの中に入らなければ、検討はされなかった。

当然ながら時代とともにジャーニー・マップは進化する。時代遅れにならないようにするのはきわめて重要だ。やがてメニューを入れた引き出しに代わって、menupages.com

が現れる。数々のレストランが加盟して、メニューを掲載する。いまや顧客には選択肢が無限にある。こうなると、レストランは新たな行動を引き起こす必要がある。選択が拡大した世界において、他のレストランではなく、あなたのレストランに注文を入れるように顧客に働きかけるためには、どうしたらよいのか。結果としてmenupages.comやその他のHPに載った評価が口コミとともに、消費者の行動を牽引するうえで、よりいっそう重要になった。

その後、突如、menupages.comは多くの家庭にとって不十分になり、Seamless、UberEats、Caviar、Postmatesなどの食事の注文・宅配サービスが誕生した。これによりジャーニー・マップは次のように刷新された。

- 家族が帰宅する。いつもながら仕事の後で疲れている。
- ソファに腰を下ろす。誰かが携帯電話を取り出す。「夕ご飯は何がいいかな」
- 「新しいタイ料理のレストランはどう」「オンラインで注文できるかい」「だめ。電話しないと」
- 「じゃあやめよう。電話したくないよ」。そこでアプリを開きスクロールを始める。

この場合、このタイ・レストランは次のような行動変容を試してみることが必要となる。

- この家族にオンライン・プラットフォームを使わず、直接電話で注文するようにさせる。
- 別の地域ではなく、このレストランの所在地を対象とするアプリに切り替えさせる。
- この家族がすでに定期的に使っているアプリに加盟し、通常出前をとっているレストランからではなく、このレストランを選ぶよう期待する。
- この家族が注文に使うアプリに加盟し、リストの一番上に来るようにレストランのプロモーションをする。
- この家族が好みのアプリを使うときは、選択肢のなかからこのレストランを選ぶ可能性が高くなるように一般的な宣伝を行う。

どの行動も、個々でも総合的にも、近くに住む家族が新レストランの出前を試す可能性を高めることができる。次は、この家族をこのレストランにとって有利なように行動させるために何ができるかだ。それにはお金がかかる。またレストランがコントロールできる範囲内にあるので、信頼度の高い予測ができる。

どのように行動変容させるかについての一連の活動を挙げたら、各々を実践するのにかかるコストを見積もることができる。これを行うことで、テストしたいのはどれか、大規模に実践する際にどれを選ぶかを決めることができる。これはコストを見積もるうえで、単純に売上の何％として見積もるよりはるかに優れた方法である。なぜなら適切なのは、「売上の何％か」という人工的な判断ではなく、現実世界での具体的で有形な結果と結び付いているからだ。

最後に、包括的に見るために、あなたの組織にとってその行動変容の価値は何であるかを理解する必要がある。この家族が先述のいずれかのように行動を変化させたら、レストランの売上にどんな変化を導くだろうか。どれほど頻繁に注文するようになるか。注文内容は変わるだろうか。どんなことを期待するのが妥当か。よりよい言い方をするなら、コストを正当化するためにはどんな種類の変化が必要なのか。行動の変化がコストと比べて大きな売上拡大を導く可能性があれば、それをやるべきだ。行動の変化が十分な売上をもたらさないのであれば、コストに値しない。しかしこの分析は行動のレベルにおいてのみ有効である。抽象化し始めると意味はなくなる。

重要なのは、計画立案とタイミングを合わせることができる点だ。行動をモニターし、望んでいたインパクトが仮説と一致しているか否かを継続的に試験し直すことができる。計画は正式な予算というよりも仮説の検証となり、継続的に検証は繰り返される。

このすべては、行動変容という構成要素を土台に事業を行うという基本原則に戻る。財務結果は、土台となる行動が変化したことの成果である。財務結果につながる行動からまったく目を逸らしたままでいるなら、過去の結果を導いた行動は同じ比率やパターンで将来もそのまま続いていくと暗黙のうちに想定することになる。ますます非連続になる世界において、この想定には軋みが生じている。その結果、財務計画を顧客行動に基づかせることは、将来、財務予測をより有効に、ひいては有益に行う方法である。計画通りに進まなかった場合には、少なくとも顧客に対してすべきことの感触を即座に得ることができる。

第5章 カレンダーを廃棄せよ：戦略計画立案スケジュールはほぼ時間のムダだ

あなたの組織でこんな話を聞いたことがあるだろうか。「我々には偉大な戦略があった。素晴らしいものだった。わが社でうまく使いこなすことができなかっただけだ」。私たちはこれを始終耳にする。私たちがこの仕事に就いて以来、戦略に関する仕事を請け負ったときに企業から聞く最も一般的な不平がこれだ。彼らはまったく戦略を活かすことができなかった。これは、戦略と実践の違いとしてとらえられてしまうことが多い。

問題が何なのかを導くためには、その戦略をどのように立てたかに立ち戻る必要がある。それは計画立案スケジュールから発している。ほとんどの組織は大体次のようなことをする。賢明な（とされている）何人かの社員に、会社は何をすべきかを明らかにする任務を与える。この賢明な社員たちは（通常は社外の）どこかに行き、大量のデータを検討し、答えを持ち帰る。ほとんどの場合、その戦略がいかに賢明であるかで全員の意見が一致し、それを実践することを全員で決定する。

次に、会議室にいる誰か、通常はその戦略を考案した者以外の社員の方を向き、「君に任せるよ、実践してくれ」と告げる。

その人はむかつきを感じる。

まあ、ここまで極端ではないかもしれないが、そう的外れでもない。次の項目は、大まかにいって戦略計画の立案がどのようになされるかに関する私たちの観察結果である。

- 戦略計画立案の季節がある。
- 通常はテンプレートや一連のプロセスがある。
- 戦略計画立案は、財務目標の達成を主軸としている。あるいはなぜその目標が、どのような状況で変わる可能性があるかが論理的に説明できない財務目標が出される。
- 年次、3カ年、5カ年のように計画対象の期間は予め決められている。

ここまでの道路から判断すると
目的地までずっと真っ直ぐみたいよ。
TOM FISHBURNE

各々の特徴を詳しく検討しよう。第一に企業がどのように戦略計画立案に取り組むかには明確な季節性がある。通常企業は年間計画や長期計画を、予算と同時に年度末にかけて作成する傾向がある。組織がいつ計画立案時期に入ったかは、予定表が埋まり、休憩のときの話題が「計画立案プロセスがどれだけ進んでいるか」になることからわかる。これは毎年間違いなく起こる。計画立案の季節ではなく、意思決定の季節と呼んでもよいかもしれない。私たちの調査では、回答者の約95％は、自社は計画立案に季節的なアプローチをとっていると答えている。

調査の数字から、戦略計画立案は通常年間予算計画と一緒に行われていることがわかる。そのため企業は戦略計画の目標を財務目標を軸に組み立てることが多い。企業は、その数値を達成するための選択肢、いわばオプションを評価する。

企業は、決定を見直すのに最適な機会はいつかを真剣に検討することなく、年次、3カ年、5カ年の計画というように、対象期間も任意に設定する（回答者の約80％は、自社の計画はこの説明と合致していると回答している）。私たちの経験では、計画が外部要素に基づいていること、そしてその要素は変化するため、妥当なときに評価し直す必要があるが、その柔軟性が与えられていることは稀である。

最後に恐るべきはテンプレートである。計画立案シーズンは、テンプレートが無数に近くならなければ計画立案シーズンにはなり得ない。テンプレート自体には何の問題もない。多くの場合それが完全にピッタリとくることはない、というだけのことだ。企業は、固有のニーズに合わせてテンプレートをあつらえる方法を探ることなく、そのまま適用している。

企業行動の分析

まず、計画立案は毎年行うべきだという概念から見ていこう。地球の公転と計画立案が一致する必要があるというのは、奇妙なことだと私たちは常々感じていた。農耕社会ではこれがある程度理にかなった時代もあっただろう。現在も季節性がある事業が存在するのはほぼ間違いないが、それ以外の場合は、強力なコンピュータがあれば、天体の動きと関係ない計画立案期間は可能だ。暦年に沿った計画立案が完全に筋が通っている場合もあることは認めるが、それは本質的に任意であるべきものだ。

たとえば一部の業界（ソフトウエアなど）の「リフレッシュ・レート」は比較的速いが、それ以外（航空機製造など）はリードタイムが長く資本集約的であり、相当以前に注文が出る。

年次計画立案は、必ずしも間違っているとはいえないが、絶対に正しいとも言えない。時間を計画立案プロセスの1つの変数としてはどうだろう。短期の計画と長期の計画があるとしても、各々が過去のものと同じ期間である必要が果たしてあるのか。天文学ではなく状況によって計画の対象期間を決定すべきではないか。

言い換えると、戦略をソーセージやハムのように扱ってはならないということだ。戦略には、予め規定できる「賞味期限」はない。戦略が有効期限切れになることはある。しかし事前に戦略がいつまでもつかを決定しようとすると、間違いなく次のどちらかが起こる。期限終了に近づくと戦略の「冷蔵庫」をあけ、何か腐っていないかと匂いを嗅いで、ほら、ここが腐っていると言う。あるいは必要もないのに戦略を変更して時間を無駄にする。この2つのうちのどちらかだ。さらによく目にするのは、期限切れになる年を戦略の名称に入れる（2020年戦略、2025年戦略など）ことだ。こうするとその期限までは作成者が陳腐化したと宣言しにくくなる。「間違った」となることで個人的にバツの悪い思いをする。その結果、認知的不協和が生まれると、本当はじっくり検討すべき戦略の是非を、幹部が弁護する可能性が高まる。

ここで適用すべき基本原則も、「行動」という基本構成要素に目を向けることである。

企業はカレンダーではなく行動の変化を軸に戦略計画を立てるべきだ。ここでは、計画のための顧客の行動、そして社員の行動という2つのグループに分けて検討する。計画立案期間は、外部環境に応じて、両方の種類の行動を変えうる現実的な時間を反映すべきである。

顧客行動に関しては、計画立案期間は企業の活動が望んだインパクトを与えているかどうかを検証するのに最低必要な時間を反映すべきである。チェーン展開するスポーツジムで、40歳以上の女性をターゲットとしている場合を例にとろう。顧客に引き起こしたい行動変容は、定期的にジムで運動していない女性たちに、あなたのジムがまったく違うプログラムを提供しているという理由で加入させることだ。その場合、戦略計画立案期間には、いくつかの変数を試験できるだけの柔軟性をもたせるべきである。これが包括的にみて実現可能なのかを判断するための長期の計画立案期間を1つと、行動を変えるさまざまな方法を改善するための2、3の短期の計画期間が必要かもしれない。やがてそのモデルが実現可能であることが判明したら、このセグメントにおけるシェアを伸ばすことを引き続き求めるか、他のセグメントを試験して対象とするように拡大することにつながる。結局のところ、計画立案期間は、計画で述べている価値提案に顧客がどのように反応するかを見るための、現実的な時間枠を反映すべきなのだ。

計画立案期間を決める際には、従業員の行動にも対応しなければならない。大組織の場合はなおさらそうである。私たちが戦略を定義するにあたっては、戦略的選択カスケー

図5

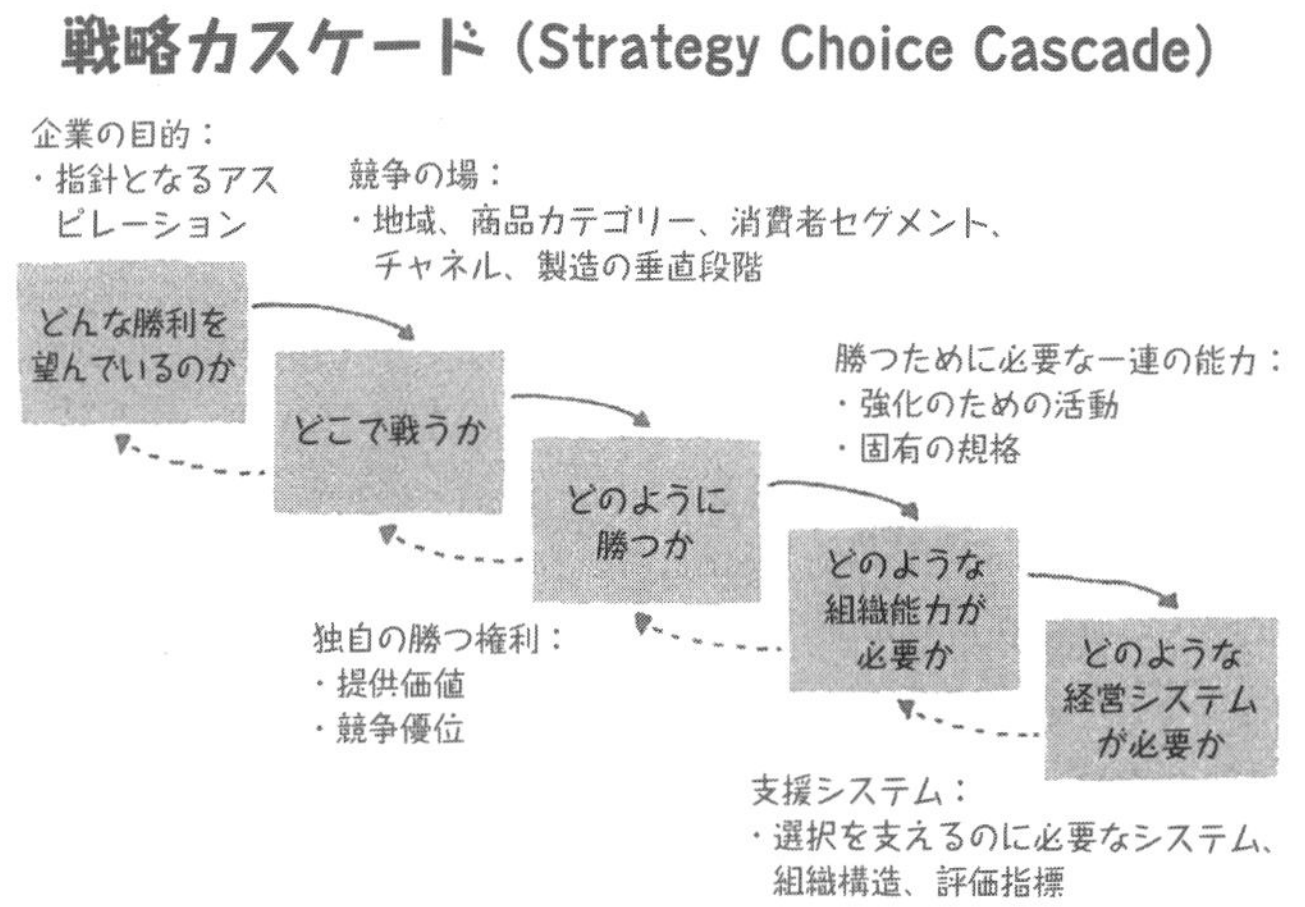

ド（Strategy Choice Cascade）を使う(注28)。これは、P&GのCEOだったA・G・ラフリーと元モニター グループ（現モニター デロイト）共同代表のロジャー・マーティンとの著書*Playing to Win*（「P&G式『勝つために戦う』戦略）で説明されている。マーティンとモニター グループが構築したアプローチである。同著で戦略がきわめてうまく説明されているため、ここでは詳細については説明しないが、戦略を立案する際には次の5つの一連の選択肢があることを理解することが重要だ。

・どんな勝利を望んでいるのか（勝利の大義は何か）

・どこで戦うか
・どのように勝つか
・どのような組織能力が必要か
・どのような経営システムが必要か

ビジネスで勝利を収めるための戦略は、この5つの問いへの回答に資する選択肢を一連で検討することで必ず自己強化につながる。「どこで戦うか」に関する組織としての選択は、「どのように勝つか」に支えられ、ひいては組織能力と経営システムの構築と向上に支えられる。

企業が「どこで戦うか」と「どのように勝つか」ということについて、過去とは異なる選択肢を選ぶ場合（異なる顧客をターゲットとし、異なる価値提案を行うなど）、それらは異なる組織能力と経営システムで支えるべきだ。それは、従業員が自己の行動を変える必要があることを意味する。それには時間もかかる。従業員が新しいスキルを学ぶか、企業が違う方法で物事を行うように進化する必要がある。

顧客行動と同じく従業員の行動を変えることには相当な時間がかかり得る（大規模な転換である場合は特にそうだ）。それゆえ企業は、戦略の中で求められている組織能力と経営システムを実際に構築できるかどうかとその時間軸を評価することを考えるとよいだろう。短期的には、このような能力開発に向けてのマイルストーンに沿った進捗状況を評価するとよい。それにより、戦略で求められる組織能力と経営システムの構築にまだ賞味期限があることを確認する必要がある。この計画立案サイクルは実際には果てしない。一旦終了したら、最初の地点に立ち返り、前提としたことを評価し直さなければならない。これは成長を支えるその他の行動のテストを開始することにもつながる。

戦略計画立案の対象期間は本来、市場での目標達成に向け、顧客および従業員の行動変化を促すための施策を理解するのに必要な時間を軸に検討すべきなのだ。

「真実でなければならないのは何か」を問う

戦略の見直し要否を判断するのに役立つ簡単な方法がもう1つある。*Playing to Win*(「P&G式『勝つために戦う』戦略」)でも詳しく説明されているが、この方法では単純な質問をする。「真実でなければならないのは何か」である。基本的にこれにより、戦略における意思決定者は、提案の方向性が組織にとって正しいかを見極めるために、社内でも社外でも起こるべき全要素を挙げざるを得なくなる。計画立案などの重要な決定を行うたびに、その計画が正しいものであるために、「真実でなければならないのは何か」をすべて書き出すのだ。それにより組織は計画を論理的に理解することが可能になる。そしてもし計画通りに行かなかった場合でも、意思決定を検証するためにそのリストに立ち返ることが可能になる。さらに最も重要な点は、この問いにより、いまこそ新たな計画を立てるべきだと認識する瞬間が明らかになることである。それは、真実でなければならないものが、もはや真実ではなくなったときである。もしそれが2020年あるいは2025年になる前に起こったら、軌道修正が必要だ。しかし2020年が過ぎても、戦略が正しいとされる要素が依然として存在するならば、前進あるのみだ。

それほど単純なことである。

将来についての数々の前提を基に、期間を事前に決める必要はない。前提は必ず間違っていることが判明するのだから。あるいは少なくとも、実際の物事が予測時の状態からほぼ必ず変わるような時期に設定する必要はない。むしろ、戦略計画を変更する必要を示す兆候がないか世界を見渡し、それが起こったら戦略計画を見直したり変更することだ。戦略計画を大きく変える必要はないと判明するかもしれないが、それが必要になると判断する場合もある。これらを短期と長期の両方の計画の運用にあたっての基本原則とすべきである。

長期計画のためにシナリオ・プランニングを活用する

企業は、ある種の戦略的な選択においては、その有望度についての長期的な見通しをもつ必要がある。多額の投資（工場、不動産、企業買収など）であれ資本構造に関わる選択であれ、長期的な見通しが重要な場合だ。人は、いま起きていることは将来も変わらずに続くと思い込む傾向がある。これは現在の前提を全部を掴み上げて将来まで引きずる「ドラッグ&ドロップ」症候群である。ドラッグ&ドロップ自体は間違ってはいないが、検証が必要なのは、企業が達成する財務業績を導く外部世界とのインタラクションは、時計の針が先に進んでも、依然として変わらないという基本的な前提である。それがまったく非の打ちどころのない前提である場合もある。しかし、もし企業を取り巻く環境がいままで以上の速さで進化しているとしたら（私たちがこの職に就いて以来、これほど多くのクライアントがこう発言したことはない)、単にドラッグ&ドロップするのはもはや適切ではないことを暗に示している。事業の土台である前提に対応できない計画は価値がない。

では、よりよい方法はどのようなものか。まず、外の世界に関する想定から始めよう。将来を予測することはできないが、将来が過去とまったく同様でないことは予測できる。それは、ある種のツールを活用すれば、将来起こりうる出来事を想像し、それに応じて賭けられるということだ。その世界では、計画が現在の世界とはきわめて異なった展開を目にする可能性が高い。これは「シナリオ・プランニング」として知られている。

ビジネスに拘らない一般的な意味でのシナリオ・プランニングの起源は、第2次世界大戦の軍事戦略家に遡ることができる。指揮官たちは、考えられるいくつかの戦域戦略の効率性を、敵国が取りうるさまざまな行動の可能性に照らして評価するために、模擬演習を使った。戦後、米国国防総省とランド研究所(非営利のシンクタンク)が冷戦に備えるための重要要素として活用したことから、シナリオ・プランニングは軍事戦略にさらに浸透した(注29)。

産業界ではシナリオ・プランニングは1970年代にロイヤルダッチシェルの主要戦略ツールとして脚光を浴びた。ピーター・シュワルツが推進したシナリオ・プランニングにより、同社は、石油会社の成功のカギを握る原油価格の予測で石油業界の競合他社より一貫して優れた実績を収めた（注30）。シュワルツはシナリオに関する専門知識を基盤に、1988年にグローバル・ビジネス・ネットワーク（GBN）を設立し、シナリオ・プランニング能力をクライアントへの先進的な戦略コンサルティング業務のために発揮した（注31）。

シナリオ・プランニングにより、想定と大きく異なる決定をする可能性のあるところ、ある程度柔軟性を高めたいところが明らかになる。たとえば、企業に負担を課していた規制が緩和されると思いがけない資金が入ってくるが、同時にそれにより競争圧力が高まる、というシナリオを考えよう。その場合の将来はどうなるか。この会社の土台となる経済は一変するために、おそらく単純に計算表でドラッグ&ドロップをすることはできないだろう。

また、サービスのスピードと精密さを大幅に拡大しうるテクノロジーが発明されて、人手がまったく不要になったらどうなるだろう。その場合、事業にどんな影響が出るだろうか。もし人手を活用する既存企業であったら、その影響はあまり好ましくないだろう。逆にテクノロジーに投資した先駆的企業であったら、好影響があるかもしれない。従来の計算表を使ったシナリオでは、予測値が少々上に行ったり下に行ったりといった程度の違いしか示せないが、シナリオ・プランニングは、現時点で予測した将来と長期計画とが、大きく異なり得る箇所を浮かび上がらせる。

シナリオ・プランニングをうまく活用するためには、想定と大きく異なる世界で既存の事業の業績が計画によってどうなるかを想像するとよい。これはシナリオを構築する際に通常行われることとは違う。通常行われるのは、数字は少々上下するが大体は同じ世界を予想したプランニングである。それは分布曲線上のどこにあるかを推測しようとしているに過ぎない。それに対して、私たちは、分布曲線で推測された点にぴったりと着地したいという衝動を避けることをお勧めする。その代わりに、まったく異なる曲線上にある可能性を理解することが望ましい。

規制緩和の例に戻って、思いがけない資金が入ってきたとしよう。それを活用するのに十分なキャパシティはあるだろうか。競合他社はどのように反応するだろうか。収益性の改善により、隣接産業からの新規参入を誘う結果となるだろうか。それとも思いがけない資金は主に既存企業だけのメリットになるだろうか。これらは、計算表を使って生産的な計画立案に取り組む前に問うべき質問である。このような問いを立てていないとしたら、予測にどんな価値があるだろう。その予測は精密だがきわめて不正確なものになるだろう。

これまで提供してきたサービスが自動化され得る世界を想像することも大事だ。それをきっかけに、逆に自社が破壊する側に立つ方法を探れるだろうか。それとも「そんな世界になったら、自分は失業する」と問うだろうか。最良の戦略は、既存事業で儲けるだけ儲けながら、破壊をできるだけ遅らせる戦術を求めることだろうか（たとえば機械やロボットではなく人間と顧客との触れ合いのメリットを強調するなどだ）。いずれも考えられる話ではあるが、世界がどう変わる可能性があるかを熟考すれば、２０２３年の利益率が48％になるか49％になるかという問題ではなく、これらの問題こそ計画立案の中核要素に据えざるを得なくなるだろう。

企業は計画立案プロセスをテンプレートの演習ではなく思考の演習として扱わなければならない。変化の速度が増しているというのは、もはや陳腐な言い方になりつつあるだろう。しかしそれゆえ、従来の方法で計画立案を行う間違いを避けることの重要性は高まるばかりだ。企業幹部は誤った「精密性の誘惑」を避ける必要がある。この演習を行うことは、答えにたどり着くことより多くのメリットを生み出す。自分が望んでいる答えをすでに知っているならば、そしてあなたが望む答えを出すために組織が一致しているのであれば、その答えを表明することが、多大な時間の節約となる。少なくともその時間を別のところに向けることができるだろう。

第6章
専門知識に抗え：シンジケート・データが生む競争優位はゼロ

スティーブが初めてクライアントとのミーティングに出たのは、20年以上前にトロントのコンサルティング会社でサマー・インターンをしていたときだった。初めての出張、クライアントとの初めての会議、クライアントのCEOとの初対面と、すべてが1日のうちに起こった。

スティーブはニューヨーク市に本拠を置く多角化経営のアパレル会社へのコンサルティング業務に加わっていた。同社は多業種にわたる事業の今後3年間の展望を把握したいと望んでいた。専門家たちはどのように考えているのか。スティーブの仕事は、さまざまな専門家の意見を集め、どの事業が将来に備えてよい態勢にあり、どの事業がそうでないかを分析することであった。来る日も来る日も業界専門誌に電話をかけてバックナンバーを取り寄せたり、編集者へのインタビューを依頼していた。

スティーブは飛行機の中で上司のピーターの隣に座り、プレゼンテーションのリハーサルを行った。プレゼンテーションはピーターが行い、データの情報源について援護が必要な場合はテーブルの下でスティーブの足を蹴って、補足を求める合図を送ることを決めた。

会議はCEOのオフィスで開かれた。最初の数ページは事業のさまざまな要素に関する見通しの最新情報であった。それはスティーブが担当した部分だった。ピーターが3ページのメンズウェアの説明を始めると、CEOが遮ってこう聞いた。「それは確かかい。君たちは市場は3・1％の伸びだと言うが、私は2・5％の伸びに過ぎないとされていると思っていたよ」

テーブルの下で足を蹴られた。すぐにスティーブは、母校のクイーンズ大学のロゴが入ったバックパックからマッキントッシュのパワーブックを取り出して開け、このデータの出典をチェックした。彼は自信をもって、「その数値は『メンズウェア・ウィークリー』からです」と答えた。それに続いたのは長い沈黙だった。スティーブはピーターともう1人のパートナーから睨まれてモジモジした。彼らは、このインターン生のせいでプレゼンテーションが始まるなり気まずい状況に陥ったと心配していることは明らかだった。

シンジケート・データ
競合他社が決して予想することがない大きなチャンスがここにあります。
競合他社が決して予想することがない大きなチャンスがここにあります。
TOM FISH BURNE

CEOがインターコムのボタンを押してアシスタントを呼んだ。彼は、「ジェーン、うちは『メンズウェア・ウィークリー』をとっているかな」と尋ねた。

「とっていないと思います」

「予約してくれ。いいね」

部屋に漂っていた緊張感はたちまち消えた。ピーターとパートナーは微笑んだ。CEOのオフィスを去り、ニューヨークの街頭に立っていると、パートナーはスティーブのクイーンズ大学のバックパックに目をやった。次に、21歳のスティーブを見て、「ブリーフケースはもっていないの」と尋ねた。スティーブは、「いままで手が回りませんでした」と答えた。パートナーは財布に手を伸ばしていくらかお金を取り出した。そしてこう言った。「出発まで少し時間があるぞ。ニューヨークにいる間に1つ買ったらどうだい。CEOとの会議にバックパックで現れるものではないよ」

企業行動の分析

いまとなって考えると、クライアントとの最初のこの会議はまるで『マッドメン』の1シーンのようだ。こんなことはもう起こらない。まず、途方もない労力をかけてデータを集め一貫性をもつようにまとめ上げている。1995年当時、時間をかけて入手可能なあらゆるインサイトを理解しようとした企業には、情報の非対称性に基づく優位、つまり競合他社が知らないことを知っているという立場を築く大きなチャンスがあった。

現在、スティーブの作業は数分で再現することができる。そして多くのCEOたちもバックパックをもつようになった。しかしながら企業はまだ、20年前と同じように行動し、重要な事業の選択を行う際に外部の情報を最も重要な要素として使っている場合が多い。意外なこととは言えないが、私たちの調査では、約85％の回答企業は出版された業界データのレポートを定期購読していると答え、半分以上（55％）の回答者は、自分の会社の幹部は組織にとって重要な意思決定を行う前にシンジケート・データを求めると答えた。

シンジケート・データは、典型的な両刃の剣のようなベストプラクティスである。一方では、世界を理解するうえで、潜在的価値があり得る情報を無視することはできない。他方では、ライバルに対抗する唯一の武器としてシンジケート・データに頼るのは危険である。それなのにシンジケート・データを見ても深く掘り下げて考察しようとしない企業、あるいはデータから明らかになったものに選択肢を見出せない企業を繰り返し目にする。

その典型例は次のようなものだ。

1　顧客データが到着し、アナリストチームが経営陣に、データから何が読み取れるかを説明する。

2　チームは顧客データを分析し、市場のどのセグメントが最も収益性が高く、最も伸び率が高いかを明らかにする。データから、この収益性が高くて伸びも高いセグメントが何を望んでいるかも明らかになるかもしれない。

3　この会社は、ほぼ盲目的に、このデータに従うことを選ぶ。望んでいるものをどの

ホワイトスペース（ビジネスモデルの空白）を特定しました。
市場のチャンスはここにあります。
TOM FISH BURNE
あれ！？ ちょっと待った！
ホワイトスペース

ように提供するかを考え出すために、収益性が高くて伸びも高いセグメントに過剰に焦点を絞る。

これがそれほど悪いのはなぜか。まったく合理的なことのように思えるのに。伸び率が高いセグメントに対応しない理由はあるのか。収益性の高い顧客に対応しない理由はあるのか。顧客が望むものを与えない理由はあるのか。どれも常識ではないか。しかしこのインサイトがどこから出てきたかを考えると、立ち止まって考えるはずだ。競合他社も、これらのデータとインサイトのすべてを手にしている。

では、この話をどのように展開できるだ

ろうか。あなたの企業も競合他社も全員がこの顧客セグメントは実に魅力的だと納得する。そして全社ともほぼ同じような活動に資源を集中させる。この顧客セグメントに、望んでいると答えたとおりのものを与える。あなたもライバル会社も含めて全社が宣伝するので、顧客全員が、どの企業からも同じ商品が手に入ると知っている。したがって彼らは望み通りのものを期待するが、全社が同じものを提供するので、一番よい値段で得られるところを求めてあちこちの店を見て回る。

最も伸び率が高く収益性も高いセグメントはたちまち最も競争が激しいセグメントになり、収益率も下がる。このシナリオで言えることは、勝ったのは消費者だ、ということだろう。

馬鹿げているように聞こえるかもしれないが、このパターンはそれほどめずらしいことではない。ビール業界もそうだ。ビールで最大かつ最も魅力的なセグメントは若い男性である。そのため、ほぼどの大手メーカーも「楽しみ」の主要素としてビールを宣伝する。米国のビールの宣伝のほぼ大多数は、魅力的な人が大勢集まったパーティ、通常は屋外でバーベキューをしている場面だ。米国の航空産業にも言える。この業界では飛行機代から荷物の追加料金、搭乗手続きからアップグレードの方針、マイレージのステータス、食事、キャンセル料まであらゆることで全社がお互いの真似をしている。ヤンミ・ムーン（Youngme Moon）が著書 *Different* で述べているように、間もなく誰もが「同一という海で行方不明になる」（注32）であろう。

今後も公に入手可能なデータや情報を意識すべきであることは、言うまでもない。無視するのは実際さらによくないことだろう。しかしデータをどのように使うかで思考停止してはならない。ライバル企業にもそのデータがあるという認識をデータ活用の前提とすべきである。

公に入手可能なデータを意識し続ける意味を例示するために、オークランド・アスレチックスの話に戻ろう。最初のころ、チームを間違った方向に導く可能性のある常識がどこにあるかをアナリティックスを使って明らかにすることに「全賭け」したのはアスレチックスだけだった。同チームが犠牲バントを廃止したことを思い出そう。ハリウッド映画式のおとぎ話であれば、同チームは野球の王座に就いて幕が下りたであろう。

現実は異なっている。同チームが行ったことに独占権を主張できるものはなかったため、他のチームもすぐに従った。その中にはレッドソックス、ヤンキース、カブスのように資金が潤沢にあるチームもあった。マネーボールは優れたゲームだが、実際にお金が備わったマネーボールであれば、さらに成績がよくなることが判明した。おそらくより重要な教訓は、アナリティックスの流行に乗らなかったチームがどうなったかである。予測どおり、彼らは凋落した。

オークランド・アスレチックスがマネーボール戦略を採用してから10年余り経った2015年に、ESPNは「アナリティックス利用順位」と題した記事を載せた。それは多様なスポーツのプロチームを分析し、データドリブンの意思決定の採用度に基づいてランク付けをしたものだった(注33)。野球のメジャーリーグのチームで「(アナリティクスに)全賭け」あるいは「信奉者」とランクされながらも、2015年から2017年のシーズンを通して一貫してリーグの真ん中より下の成績だったチームが複数あった。さらにESPNがアナリティックスに「懐疑的」とみなしたチームで、同年の間に1回以上ポストシーズンに出場したチームも複数あった。言い換えると、マネーボール・テクニックの採用は成功を約束するとは言えないということだ。しかし同じく2015年~2017年の間に、「全賭け」とランクされたチームはシーズン当たり勝ち数が平均で86回であったのに対し、「懐疑的」「非信仰者」とランクされたチームの勝ち数は73回のみであった。つまり、全チームがマネーボール戦略を実践したときには、それはシーズンでの勝利を保証するのに十分ではなかったが、ほかのチームがマネーボール戦略に従っている状況で、この戦略を採用しないチームは、シーズンで負ける可能性が高かったと言えるのだ(注34)。

Detonate の基本原則を適用する

ここで適用する原則は、「初心で取り組む」ことである。初心者は、容易に入手可能なものを測定評価するのではなく、「あなたがしようとしていることを測定評価すべきだ」というシンプルな発言をするはずだ。しかし企業は、目標に照らしてどの測定指標が正しいかを判断する代わりに、どの外部データが入手可能かに従い、そこから意思決定を行うことが多い。やがて戦略は、公に入手可能なデータを基にした改善を志向するようになる。それが事業の業績を牽引するとは限らないのに。

シンジケート・データだけを使い、思考停止に陥るリスクを負う代わりにすべきこと、企業が独占的なデータとインサイトを構築する方法を探ることである。これを適切に行えば、競合他社には見えない動き、あるいは彼らがもっているデータでは予測できない動きを取ることが可能になるのだ（データは意思決定を支えるものであり、データに意思決定を行わせるのとは異なることを忘れないようにしよう）。

データに関して次の3つの重要ポイントを覚えておこう。

1 独占権のあるデータでないならば、競合他社はやがて同じインサイトを得るようになる(あるいはすでに得ている)と想定すべきである。

2 独占権のあるデータのよし悪しを決めるのは、そのデータによって回答しうる問いのよし悪しである。したがって、鋭く有効な問いを立てる必要がある。

3 データから引き出す結論は、データから探り出した行動が将来も続く可能性があると信じられる範囲においてのみ有効である。すでに指摘したように多くの面で将来は過去とは異なる。

私たちがデータに関して懐疑的であるかというと、まったくその逆である。ビッグデータの世界では、顧客と彼らの根本的な行動について、これまでにないほど深く理解するチャンスが企業に与えられる。しかしデータを創造的に使わなければ、経験豊かな企業でさえも「データに依存」し、全貌を見失う恐れがある。データの犠牲となった企業の典型的な例がある(そして増えつつある)。小売業において、主に顧客ロイヤルティ・プログラムで顧客データやアナリティックスを早い段階で採用した企業を考えてみるとよい。

これらの先駆的企業は独占的データの競争力を生かし、1990年代の半ばから市場シェアを一気に拡大した。誰にも察しがつくように、これらのロイヤルティ・プログラムと顧客データの収集は、たちまち業界のベストプラクティスになった。他の小売業者もこうした早期導入企業の活動を真似し始めた。彼らのデータが独占データからシンジケート・データになるのに時間はかからなかった。ところが彼らは、データが競争優位の根源であるかのように振る舞い続けた（注35）。進化する必要があったのに、彼らの行動は硬直化したベストプラクティスになってしまった。過去に発揮した創造性を繰り返し、独自のインサイトを得るための新しい方法を考え続けることもせず、誰でもとれる戦術に倍掛けしたのだった。

早期導入企業の有利さが消え去っても、彼らは戦略的選択を調整しなかった。データやアナリティックスのギャップを狭めた競合他社たちは、いまや業務効率や顧客体験などの分野で独占的な競争優位の源を構築することに焦点を絞り始めた。これはたくさんの大手企業を衰退させた。早期導入企業は自らのデータの犠牲となり、その結果に苦しめられた。

この罠に陥るのを避けるには、独占の価値を過信せず、正確かつ偏りなくデータを評価できるメカニズムを導入することが必要だ（言い換えると「競合他社はこの情報を入手できるか。できないとしたら、彼らが入手できるようになるまでどのくらいかかるか」と問うことである）。独占的なデータは、素早く獲得できれば、高品質の選択を素早く行うための本物の金脈になり得る。しかし独占的なデータの価値を定期的に把握して、それがすでにシンジケート・データ並みに浸食されていないかどうかを察知する必要がある。そうしないと多くの他企業のようにデータの犠牲になるリスクがある。

どのデータを意思決定の原動力とすべきかを考える際に、企業が初心を適用できる方法がいくつかある。

独占的データを獲得する

これは簡単な仕事ではなく、この主題に絞った本が書けるほどである。しかしデータドリブンの世界で独自のデータを構築しなかったら、競合他社も世界について同じことをすべて知っているので、不利な立場で戦うことになる可能性が高い。

独占的データをビジネスモデルの成果にし、顧客が入店する。それがデータである。顧客がホームページを訪問し閲覧する。それがデータである。これらの顧客がどんな人かわかっているだろうか。どんな顧客がホームページを訪問し、誰が何を閲覧したのか。訪問はどのくらいの時間だったか。購入したとしたら、何だったか。どんな場所でそれをしたか。位置はどこか。事前にどのような販促資料を見たか。これらのいずれも現在の世界では簡単である。情報の設計と収集に少々の資源を投じることができれば、ほぼどんな企業にもこれらのデータは手に入る。これは市場で戦うには最低限の掛け金であるようにも感じられる。少なくとも自らの企業だけがもつデータを活用する。そのデータが別の企業の独自データより劣っているという危険はある。しかし少なくとも独自のデータを手に入れることになる。また徐々にそのデータを改善する方法を探り出すこともできる。

顧客行動に関する一連の永続的テストを実施する

徐々にデータを改善するためには、顧客に何か具体的なものへの反応をさせる必要がある。それは商品やサービスの提供かもしれない。販促資料かもしれない。顧客が来店したときに新しいことを試みるというような単純なことでもよい。顧客のドライバー、障壁、動機を理解するために事業の基本構成要素、すなわち顧客行動に関するテストを行うことだ。重要な点はどのテストもコントロール、すなわちテストをしているものが何であれ、それに晒されない同様な顧客のグループと比較して行う必要があることだ。こうすることにより、テストによって反応が変化するきっかけが生まれたという確信を高めることができる。やがて顧客（および見込み客）の行動について多くの情報を集めることができる。それは事業の意思決定をより効果的にかつ素早く行うのに役立つだろう。

ビジネスモデルの綻びを探る一連の永続的テストを実施する

破壊的イノベーションの時代と言われて久しいのに、実際に破壊が起こったときに既存企業がどれほど不意を突かれるかには驚かされる。ほとんどの場合、企業は目を配っていないのだ。少なくとも、目を配ってしかるべきところには。たとえば、ブロックバスターのCEOであったジム・キーズは、同社がネットフリックスとは競合しないと発言したが、それから2年もしないうちに倒産した。倒産の主な理由は、新規ビジネスモデルとの競合であった。

破壊的イノベーションと戦うためには、企業の土台を形成している少数の根本的な中核行動を探し出し、独占的データを獲得して自社のビジネスモデルに亀裂がないかを定期的にテストすることが必要だ。このテストはいわば炭鉱で危険を知らせるカナリアの役目を果たす。どの企業もこのテストを実施できるし、実施すべきである。

このテストは次のようなものである。

・小売店の人通りに関するデータで、「消費者は依然として実際の店に行き、見て回って購入するのを好むのか」という質問に答えるもの。私たちは、多くの小売店がこのようなデータを入念に追跡しようとしていることは知っているが、どの程度が実際に、新たに来店する理由を顧客に与えるようなテスト（販促を越えたもの）を行っているのかは不明である。たとえば一部の店舗のデザインを刷新し、その影響はあったか、など。

- ＯＥＭの購売パターンに関し、「下流の顧客は引き続き流通業者を通じて購入するか」という質問に答えるもの。多くのＢ２Ｂ企業が流通業者を通じて販売するのは、（たとえば）ＯＥＭが総合的なソースから効率的に購入することを好むという想定からである。しかしそうすることにより、利益の一部は流通業者の手に渡る。またより深い顧客関係を築く機会を放棄している。デジタル時代にあってＯＥＭが部品のサプライヤーから直接購入するのは単純かつ容易だと判断すれば、それにより抜本的に異なるビジネスモデルが可能になる。

ステップを繰り返す

これらのステップを繰り返すことにより、企業が進む新たな方向を学ぶことができる。カジノホテルのハラーズは、ずっと以前に、顧客行動に関するデータ・マイニングを行うことは、カジノ事業で価値を創造する方法であることを探り当てた企業の格好の例である。１９９８年にゲイリー・ラブマンはハーバード・ビジネス・スクールを辞任し、ラスベガスでそこそこのカジノであったハラーズのCOOに就任した。彼は、ビジネススクールの学生たちに教えていた単純だが強力な思想を実現する計画を同社において実行に移した。それは事業にとって最も収益性の高い顧客を特定し、より頻繁に購入させることであった。ラブマンはトータルリワードというロイヤルティ・プログラムを発案し、当時業界の標準であった優待サービスと置き換えた。当時のサービスは、カジノの支配人が「ギャンブル客がどの程度賭けているかを当て推量し、それが十分な額だと判断すれば、相応の飲み物、食事、クーポン、ホテル宿泊などの無料サービスの組み合わせ」を提供することだった。

ラブマンは客に磁気カードを渡した。客はこのカードをゲーム機に差し込んでから賭けるため、最大の顧客は誰なのかが明確に把握できるデータが得られる。このロイヤルティ・プログラムは、実際の購入データとギャンブルの実績を追跡することにより、個々のギャンブラーが望んでいるリワードが得られるようにカスタマイズされていた。カジノでいくら負ける可能性があるかという情報に基づきホテルの宿泊料も顧客別にした。このデータドリブンな取り組みの結果、ハラーズの企業活動は活発化し、企業価値も急騰した。2005年に同社はシーザーズ・エンターテインメントを買収した。これは当時カジノ産業で最大の買収であった。さらにカジノを買収するにつれ、過去の活動の重要性も高まった。すなわち、あらゆる教訓を傘下の新しいカジノに適用できるようになった。

独占的データを獲得し、習慣的にそれを使って学習する規律が身についたら、ラブマンの下でのハラーズと同じ好循環に入ることができる。そして業界における独自の立場を構築することができる。

本質的に、企業は他社にはできないことをしなければならない。それはデータ戦略にも事業のその他の業務にもいえることだ。他社の「ベストプラクティス」に従えば従うほど、顧客にとって違いはなくなることを忘れてはならない。

第7章 インサイトを覆せ：顧客は自分の考えは語れない

テキサス・ホールデムはポーカーの一種であり、1900年代初頭からプレイされている。2000年代初期に、特にポーカー世界大会のテレビ放映を機に一気に人気が高まった。各プレーヤーに2枚の手札が伏せられたまま配られ、各々が第1ラウンドの賭けをする。その後3枚の「コミュニティカード（手札を作るためにどのプレーヤーも使える）」を開いた状態でテーブルの真ん中に置く「フロップ」が行われる。第2ラウンドの賭けが行われ、それに続いて4枚目のカードが開かれる(ターン)。再度賭けが行われ、5枚目のコミュニティカードが開かれる(リバー)。その次が最後の賭けになる。賭けのたびにプレーヤーは賭けるかチェック（賭けない）するかを選べる。賭けがなされたら、対戦者には3つの選択肢がある。コール（その賭けと同額を出す）、レイズ（上乗せする）、フォールド（訳注：ゲームから降りること）である。

スティーブは最近チャリティで行われたポーカー・トーナメントで、ポーカーにおける自明の理は、賭けない限り相手については何も学べない、ということだと悟った。消極的なプレイ、つまりチェックできるときにチェックすると、対戦者にゲームのペースを支配されることになる。対戦者の手札は強いかもしれないし、弱いかもしれない。わからないのだ。相手に関する情報が欲しければ、相手に決断を迫る必要がある。誰かに一連の行動をとる決意をさせると、行動の先送りを許した場合よりも相当多くの情報が得られる。

これが有効なのは、経験豊かなプレーヤーである。手札が弱ければフォールドし、手札が強ければコールかレイズする。もちろんブラフ（はったり）である可能性もある。ブラフもリスクとして評価しなければならない。これはテーブルに着いている対戦相手について何かを学ぶよい方法である。しかし未熟なプレーヤーに賭けを強いることは逆に拙い戦略である。なぜなら彼らは自分の手札の強弱を読み間違えやすいため、情報にはあまり価値がないからだ。経験が乏しい相手に対する際に適した戦略は、手札に比較的素直にプレイすることである。

このトーナメントは娘の幼稚園のためのチャリティだったが、スティーブは決勝に残った。彼は決勝戦で対戦した経験豊かな相手に対して攻撃的な姿勢をとり、プリフロップ（初回の賭け）のたびにレイズした。最終的に彼は賞品だったApple ギフトカードを獲得し（子

＊緑葉甘藍、青汁の原料として知られる

供のためのチャリティである）、それと同時に相手を試して真価を問うことの価値を改めて認識した。

なぜ本書でポーカーを論じるのか。なぜなら誰かに関する情報を得る最も確実な方法は、選択を強いてどう反応するかを見ることだからだ。もしスティーブが対戦相手をトーナメント前の静かなときに脇へ呼び、スティーブの攻撃的な戦略にどう反応するかと尋ねていたら、きっと「レイズするだけですよ」などと答えただろう。しかし白熱の試合でチップを賭けていると、行動は異なってくる。

人がどのように商品を買うかについても同じことが言える。顧客が何を望んでいるかを話してくれると信用できるだろうか。彼らはつい嘘をついてしまう。それは彼らのせいではない。自分のことが本当はわかっていないのだ。それでもほとんどの企業は、彼らが自分のことをわかっているかのように行動する。その代わりに本章でこの後詳しく説明するが、企業は質問することを止めて、観察、シミュレーション、推測を始めるべきである。

顧客について、彼らは正しいのだろうか

事業の基本的な公式は単純である。企業は顧客のために価値を創造し、理想的には、それにかかるコストを上回る価格でその価値に対する支払を受ける。この公式に従うと、企業の利益率を左右する2つの主要素は、顧客が望むものを予測する正確さ、そして業務効率をどの程度高められるかとなる。企業は何十年にもわたりこの2つのドライバーの最適化を求めて、市場調査およびコスト削減への取り組み方法を少しずつ調整してきた。それは厳格なサイエンスになる寸前の水準まで来ていた。たとえばコンジョイント分析と部分効用値の領域、あるいはシックスシグマ、原価企画、生産性考慮設計（DFM）の領域である。世界で最も成功している企業たちは、各々のベストプラクティスが何代にもわたっ

て引き継がれるように専門部署や研修コースを作っている。継続的に業務効率性の向上を狙うのは理解できる。その一方で、消費者が話すことをよりよく理解し分析しようとすることは、理にかなわない。それは、ますます妄想がかった行動になりつつある。

ハリー・セルフリッジは100年以上前に「お客様は常に正しい」という言葉を生み出した。ロンドンのセルフリッジ百貨店の創業者である彼は、小売業者は顧客の言うことに耳を傾けて卓越したサービスを提供すべきだという観念を軸に事業を築いた。いまとなっては信じられないことだが、多くの企業が積極的に顧客を欺いて売り込もうとしていた当時にあっては、それは実に新奇の概念であった。他の小売業者、そして業種の枠を超えてあらゆる企業から支持されて、この言葉は時の試練に耐え、顧客の考えを理解することに打ち込む全業界を刺激した。問題なのは、ほとんどの企業がこの言葉を文字通り受け止めたことだった。

言うまでもなく、顧客は常に正しいとは限らない。きっとセルフリッジ自身も、もし顧客が来店して80%の値引きを要求したら、(丁寧にではあるが)そう言っただろう。対応したら赤字になる顧客もいる。企業は対応すべきではない。それでも顧客を喜ばせ続けることは重要だ。それによって彼らが戻ってくる可能性が高まるからだ。

セルフリッジの言葉の文字通りの解釈のうえに、顧客は自分が何を欲しいかを話すことができるという思い込みが加わると、次のようなロジックの流れに陥る。

- 私は、顧客は常に正しいと考える。
- したがって私は彼らに何が欲しいか尋ねる。
- 顧客は自分が欲しいと思っているものを私に話す。
- 私は顧客が欲しいと言ったものを顧客に与える。

これは表面的には正しいと感じられる。頭脳の合理的な部分に訴えかける。しかし告げられた顧客ニーズのすべてを満たすように商品を設計し、発売したところ失敗に終わったという経験をもつ者全員にとって、これこそが問題である。多くの場合、顧客は自分が何を欲しいと思うかを告げる。しかしこれらの欲求は現実の行動にはつながらない。なぜなら自分が欲しいと思うもの以外の多くの要素が現実の行動に影響を与えるからだ。顧客に善意がないのではない。社会科学者は、表現された嗜好（顧客の発言）と明らかになった嗜好（実際の行動）の間のギャップの大きさを何度となく指摘しているのだ（注36）。

先に論じたように、恐らく最も基本的な買い物である牛乳を考えてみよう。消費者に牛乳に求める属性すべてについて尋ねたら、新鮮、オーガニック、地元産などの属性への嗜好と共に、ブランド間の比較の際に挙げる予測可能な属性を「過剰報告」するであろう。しかし大抵どのブランドを選ぶかを決めるのは状況である。牛乳が切れたのでコンビニに走って行って買う場合、もしその店に「好みの」ブランドがなかったとしても、別の店まで行く可能性はきわめて低いだろう。もし別の地域に引っ越して、地元の食料品店に好みのブランドが置いてなかった場合、以前のブランドを買うために車を走らせるよりも、ブランドをスイッチする可能性のほうが高い。また、次回どのブランドの牛乳を買うかを知るのに最もよい方法は、その前の買い物で何を買ったかを聞くことである（嗜好ではなく、行動について尋ねる）。

牛乳の購入はほとんどの消費者にとって習慣である。効果的に行動を変える唯一の方法は、その習慣を何らかの方法で破壊することである。消費者が牛乳に望む属性を満たして、彼らが常に購入しているブランドの横に並べても、行動を変えさせるのに成功する可能性は非常に低い。

牛乳より高関与商品の購入となると、さらに複雑である。顧客は、選択を間違えるリスクが高いと感じるために、じっくり検討し、動機は何かを考えることに執着する。実際の事例を紹介しよう。

このところジェフはロードバイクを買いたいと思っていた。妻がこのスポーツにのめり込んでいるのを目にして、今後も週末に彼女と一緒にいる時間を見つけるためには、自分も始めるべきだと考えたのだ。彼は、店に行った時点では自転車についてほとんど知らなかった。自分がどれほど無知かに気づくのに時間はかからなかった。自分に合った自転車の仕様を決めるためには、どの部分の何を選択すべきかの手ほどきを受け、その各々の選択肢について（ある程度まで）理解できた。何を達成したいか、運動するとどこが痛むか、どれほど頻繁に乗ると思うかなど、数多くの質問に答えた。それが終わり、1時間以上かかった後に出てきた仕様書の価格は、予想より約10倍高いものだった。そこから堂々巡りが始まった。このお金はほかに何に使えるだろう。考えているほど頻繁に乗るだろうか。もっとよい運動方法はないか。ロードバイクだの何だのというのは、すぐ廃れる流行に過ぎないのではないか。そのうえ危険だときている。それにスポーツを通して妻と話す時間をもちたいというのは、夫婦関係について、そして彼の立場について何を語っているか。もし自転車をこいで運動したいなら、エアロバイクのペロトンを選ぶべきかもしれない。そうすれば、妻のプライベートな空間を侵害することもない。

ジェフは自転車を買わずに店を出た。

ここからわかるように、多くの選択肢を用意することは、顧客に「彼らが欲しがっているもの」を与えるように感じるが、ジェフにとってそうだったように、感覚が麻痺する可能性がある。2000年にコロンビア大学の研究員たちは購買行動における品揃えのインパクトを理解しようとした。現場を使い2つの状況における買い物客の行動を比較した。1つの状況では、高級食料品店で6つのグルメ・ジャムの品揃えが顧客に与えられた。もう1つの状況では、24種類のジャムが陳列されていた。この研究から判明したのは、より幅広い選択肢の陳列により、40～60％の顧客はより頻繁に立ち止まったが、購買行動はきわめて異なることだった。24種類のジャムの陳列で購入した消費者はわずか3％であったが、6種類のジャムの陳列では30％の消費者が購入した。顧客は選択の広さを欲していることを示していたが、選択肢が増えたことにより意思決定は容易になるのではなく、難しくなった(注37)。

何年も前であれば、限定的な選択肢しかもたなかったシュウィン（100余年の歴史を誇る米国の自転車メーカー）のような企業も、顧客にどのモデルを好むかと尋ねて、信頼できる回答を得ることができたかもしれない。「よい」「もっとよい」「最良」のような単純な答えで消費者からより信頼性の高い回答が得られる。しかし今日多くの自転車は仕様に関する多くの選択肢を提供しているが、それによって顧客、特にジェフのような新人が信頼できる方法で嗜好を示すことが相当難しくなっている。自分の自転車を設計するという経験によって、関与度が高まったあまり、間違った判断をしているのではないかという感覚に圧倒されるほどになった。それは価格だけのせいではなかった。

認知心理学、神経科学、行動経済学の分野の最近の研究により、企業が長年にわたって使ってきた顧客について学ぶ方法に疑問が呈された。人がどのように学び、意思決定を行うかについての理解は現在はるかに深まっている。

企業行動の分析

人は自らの行動を予測するのが下手だというのは、かねてから心理分析で盛んに研究されてきた主題である。約15年前にティモシー・ウィルソンは、著書の*Strangers to Ourselves*において、人間が特定の状況でどう行動するかに関するいかなる知見も、適応的無意識により完全に曖昧になってしまうという観念について検証した（注38）。これは、消費者になぜあることをしたのかを説明してもらうとその答えの信頼性は低いが、何をしたかを単に報告してもらうと、信頼性は高まるということを意味する。

私たちは本書で、インスピレーションの源として市場データを得るのは名案ではないと論じるつもりはない。逆に、そのように研ぎ澄まされたスキルは競争力を高める最も重要な土台の1つであると確信している。しかし私たちはここで、企業は一定の市場調査への投資を止めるべきだと論じたい。企業は、特に次の手法で得られたインサイトを信用するのを止めるべきだ。

- 「何が欲しいですか」という大まかな質問をする定量調査。通常これらは特定の商品やサービスの購入に関して、「評価・順位付け」をしてもらうべきものである。
- 定性的なフォーカスグループやグループインタビュー。
- 「営業がそう言ったから」と私たちが呼ぶさまざまなものの集まり（詳細は後述する）。

顧客に何が欲しいかを尋ねることがもはやできない理由はすでに説明した通りである。現在、我々はすでに、彼らの実際の行動は彼らに説明のできない潜在意識に深く根ざすプロセスと結び付いていることがわかっている。したがってこれらの調査の結果が現実の行動と結び付いているというのは見掛け倒しに過ぎず、かつ夥しいプロセスと正説を累積させることで、ほとんどの企業にとって無駄なコストを発生させるという点で、ダブルパンチである。

市場調査マニュアルは現在きわめて厳格になっており、調査を行う組織が実行しなければならない幅広い作業に関する指示も多く記載されている。次のことはそのような指示の一部である。

- コミュニケーション計画の目標を設定する。
- 調査結果の公表に関して諮問委員会を設立する。
- 調査に適正な層を特定するためにサンプル抽出戦略を立てる。
- 研究の対象にしたコミュニティに関してすでにあるデータを収集する。
- 計画した調査と似ている可能性があるプログラムや調査を特定する。
- 測定すべき質問を様式化する。認知度／関心／重要性／過去とった行動や将来とる可能性のある行動／満足度／嗜好。

リサーチ・サイエンティストは数週間、数カ月もかけて調査の長さ、多様な質問、主題の範囲、インセンティブの複雑さに関して、認められた指針に従って調査手法を設計する。統計学者はデータが集まると、報告書の冒頭の2時間分は結果の発表ではなく、調査分析の説明に費やされるほどのテクニックを使い数週間、数カ月、時には何年もかけて結果を分析する。

最初の5つの箇条書きには特に悪いところはない。不合格なのは最後の点である。価値ある情報の分析に数週間も数カ月も費やすことも何ら間違っていない。しかしこうしたプロセスが機械的なものとして扱われることが多すぎる。空疎な質問をしたり、考えずにプロセスに従ったりすることは避けるべきである。

フォーカスグループも同様に問題含みである。マジックミラー越しになされるセッションは、各企業経営者がフォーカスグループをその目で見ることができるように、必要な長さの3～4倍も続くもので（「顧客から直接意見を聞くことに代わるものはない」からである）全員が疲労困憊させられる。その結果、気の毒なモデレーターは、まったく同じことが若干言い回しを変えて60回続けて言われるのを聞いて嫌気がさしてくる。フォーカスグループは、グループダイナミックスや、モデレーターの誘導的な質問の影響を受けやすい。聞き出したい内容についてモデレーターが仮説をもっていると、特定の方法で質問をして、正しい答えを出させようとするのは避けられない。フォーカスグループの1人あるいは複数のメンバーが他のメンバーの意見に影響を与える傾向は、特に厄介だ。最後の問題は、顧客はそもそも自分が特定の行動をとるのはなぜかを実際はわかっていない点である。

しかし恐らく最大の無駄は、「営業がそう言ったから」という類の情報から発生する。これはB2B（企業間取引）の環境で、顧客に関する主な情報源が営業部門の報告や営業担当者による会社訪問の際の逸話である場合にありがちだ。定量調査やフォーカスグループのような公式なテクニックではないものの、企業は、現実のバイヤーがそう言い、その要求に我々が応じれば売上は上がると思い込むため、この種の調査データにより信用を置く。営業チームからの特定の刺激に一貫した反応をみせ、顧客ベース全体でその反応を測定評価する独自のシステムを構築しない限り、このような逸話的な結論も見掛け倒しに過ぎない。それらは全体のパターンとして一般化することはできず、特定の顧客の要求を満たすことは、広範な顧客ベースにとってベストではない選択となる可能性がある。これらのインサイトは、企業経営者が「それをうちの娘に見せたらブルーの方を好んだよ」というのと同じ類である。それは統計的にまったく有意ではない。

そのため顧客に関するインサイトを構築する人は2種類の状況に相対する必要がある。1つ目は、現在の行動を理解しようとする場合である。これは、既知であり、かつ知ることが可能な分野である。顧客はある行動をしており、我々は彼らがなぜそれを行うのかを理解しようとしている。2つ目は、現在その行動が存在していない未知の行動の場合である。我々はその行動を創造しなければならない。これはヘンリー・フォード（ただし本当に彼の発言かどうかは疑わしい）の有名な言葉、「もし顧客に何を欲するかと尋ねていたら、答えはもっと速く走る馬であっただろう」の教えと等しい。何かが有効かどうかの結論は、それを顧客に見せるか、購入するよう頼まない限りは出すことはできない。対戦相手の手の内を知りたいなら、賭けなければいけないことを思い出そう。

顧客のインサイトを分析する者にとってより厳しい課題は、かつては知ることができた行動の多くが「不可知」な領域に移りつつあることである。過去の経験に基づいて顧客の将来の行動を予測するリサーチ手法を使っても、それを学ぶことはできない。複数の影響力が働くことで、企業が顧客への価値を創造する将来シナリオがますます想像し難くなっている。第1に、ある領域においてテクノロジーがもたらした個人的体験は、他の分野での体験への期待度にも影響を及ぼしている。たとえば調達担当マネジャーは、会社のために機器を購入する際に、自らがアマゾンでeブックを購入したときと同じインサイト、品ぞろえ、購入しやすさを望むのではないだろうか。第2に、価値の創造機会が多くのカテゴリーに拡大する。以前は現実世界での一連のソリューションに限定されていたものが、オーグメンテッド・リアリティ（拡張現実）とバーチャル・リアリティの採用により、突如、無制限に広がるようになる。第3に、あらゆる分野で新規ソリューションが予測不能な方法で、かつ定期的に誕生する。物質的なインフラを伴わないホスピタリティや、クラウドソーシングを使った配達ネットワークなどの意外なサービスの誕生がどんどん一般的になる。

だとしたら企業は何をすべきか。簡単に言うと、企業は尋ねることを止め、観察、シミュレーション、推測を始めるべきである。行動に焦点を合わせるという原則に従うことにより、それを行うことができる。

尋ねることを止めるという観念に関してはうんざりするほど説明してきた。なぜそれが該当するかを読者が気づくことを期待する。それは、定量的調査を放棄せよという意味だろうか。私たちが本書全体で調査結果を引用していることにすでにお気づきだろう。したがって答えはノーか、私たちがまったく偽善者だということになる。質問をし、その後回答を分析することは何も間違っていない。ただし、その結論の限界を認識しなくてはならない。特に消費者に自分の行動を報告してもらうことはまったく構わない。顧客が実際に何をしたのかを理解するために、適切かつ具体的に尋ねることはよい方法だと私たちは考える。しかしそれは、彼らがそれをした理由に関する説明とは異なることに注意が必要である。別のテクニックを使ってその種の結論を出そうと試みることはできる。

たとえば私たちの調査では、回答者に彼らの会社はあることをしたかどうかだけを報告してもらう。顧客に行動を報告してもらうために有益な方法は数多くある。一般的な行動を尋ねるのは避けて、その代わりに最後に何かをしたときのことを重点的に尋ねるのは有効だ。それにより、回答者は、いくつかの状況を合体させるのではなく、特定のことについて考えられる。回答者に「通常の購入状況を考える」ように指示する調査もある。ではそうすると、どうなるだろう。通常とは何か。最も頻繁な状況という意味か。好ましい状況ということか。通常の状況というものがないとしたらどうなるか。これらのどれにも回答者によって異なる可能性のある想定を必要とする。次回、調査票のたたき台が回ってきたら、回答者に「なぜ」と尋ねている質問は、すべて「何を」したかに変えるようにしよう。「なぜ」を探り出すのはリサーチャーの仕事であり、調査への回答として答えさせることはできない。

観察と推察を始めることは、文化人類学の分野であり、絶え間ない変化と「不可知」のチャンスの時代に企業が繁栄するために、対応する市場と対話し、理解するためのカギとなる。そこで重要なのは、人は人生において何を達成しようとしているかに関して、できるだけフィルターのかかっていない、ありのままの姿が把握できるかどうか、そしてある状況において実際に何が起こっているのかを理解するために専門的インサイト、すなわち観察者の知見を活用できるかどうかである。人類学は人間の分類と人の起源の研究および関心の枝分かれ的学問として発達した。多様な社会と文化を説明するために、人類学は「その歴史、他のグループとった接触、発展に重くのしかかった状況の全体を考慮する」ことにより、人間のグループの各々の全状況を考慮に入れることを提案した。それを念頭においてフランツ・ボアズなどの人類学者は、「自然環境にある人々の間の人間行動の証拠を求め、事実を集め人が作ったものを採取し、観察可能な文化的プロセスを記録することを促進」(注39)した。

インサイトを得るための人類学と観察プロセスは、数十年前に産業界でも採用された。たとえば1979年にゼロックスはルーシー・サッチマンを雇い、職場でのコピー機の用途などゼロックス製品が日々の生活でどう使われているかを観察させた。彼女の研究結果は、人間と機械のインタラクションに関する理解を深め、それは製品設計に影響を与えた。今日、企業における人類学はめずらしくない。私たちの調査によると、回答者の約20％の会社は人間行動を理解するために人類学を活用している。またこの数値は増え続けると私たちは予想している。

これはエスノグラフィー(民族誌学)と呼ばれ、企業にはこのテーマに関する数えきれないほどのバリエーションがある。まず、例を挙げよう。

ライフサイエンス分野のある企業が数年前に私たちを採用して、糖尿病患者への理解を深め、よりよく対応するためのアドバイスを求めた。当時、大手の製薬会社は、ライフスタイル・マネジメントとその他の影響は、薬物の治療効果と同等かそれ以上に重要であることを理解し、受け入れ始めたころだった。必須の定量調査とフォーカスグループを行った後で、私たちはクライアントを説得し、エスノグラフィーを学んだ何人かの調査設計担当者を患者の自宅に同行させるのを許可してもらった。自宅を訪問する前に全患者に食習慣、通常の食料品リスト、その他の二次的な情報に関して質問票に回答してもらっていた。これは会話があちこちに飛ぶのは仕方がないが、所定の4時間をできる限り効率的に行うためだった。

ある家庭では、質問票への回答を見て、これから会う女性はシングルマザーで、食習慣は劣悪で、健康状態はそれを反映していることを念頭に置いていた。彼女は、減量できないうえに、厳密にいうと前糖尿病症であると最近診断されて落ち込んでいると報告していた。また習慣化してしまい、そこから抜け出る方法がわからないと記していた。私たちは、食品の棚はポテトチップス、甘い菓子、ソフトドリンクなどのジャンクフードでぎっしり詰まり、冷蔵庫はファストフードの残飯で一杯であろうと予想して、彼女の家に着いた。ファストフードは少なくとも1週間に10回食べ、残りは夜食用として家に持って帰ると報告していたからだ。散らかり放題の家、台所の流しにたまったお皿（そういうタイプであろうと決め付けていた)、健康になりたいという希望を失った女性を思い描いていた。

到着した私たちの目に入ったのは、塵ひとつ落ちていない家、信じられないほど陽気なインタビュー相手だった。ただ相当太りすぎではあった。リビングルームは明るくてきれいに飾られていた。キッチンはピカピカだった。2人のお嬢さんの宿題の工作が冷蔵庫や裏玄関のコルクボード一杯に貼られていた。2階への階段の壁には学校の写真が誇らしげに飾られていた。冷蔵庫の中はどの家庭でも見かける使いかけの各種の調味料やドレッシングのほかに、新鮮な果物と野菜が揃っていた。私たちは首をかしげた。調査票を見ると食生活は惨憺たる様子なのに、実物はしっかりした人のようだ。彼女は自分の生活について微笑みながら包み隠さず話した。話は蛇行したが、時間をかけてなぜそうなのかを掘り下げて聞いた後で、全貌が見え始めた。

わかったのは、この女性は複雑かつ洗練された表向きの顔を作り上げていたことだ。それは、減量できないことと食習慣についていかに情けなく思っているかを娘たちに悟られないようにするためだった。彼女は娘たちに見くびられることを恐れた。それよりもっと悪いこととして、自分の習慣が娘たちにうつり、自分と同じように、無用な人間だと感じるようになるのではないかと恐れた。そのため、表面をとりつくろった。ジャンクフードは地下においてあるスーツケースの後ろに隠されていた。ファストフードの食べ残しは帰宅するなり自分のベッドルームの収納家具の中にしまい込み、夜寝る前に娘たちに気づかれずに食べられるようにした。清潔であることは、娘たちにとってすべて大丈夫だという信号だった。自分が状況にうまく対応できていないと感じると、そのたびにしまいこんだジャンクフードに手を出した。すると気持ちはよくなったが、その後さらに落ち込んだ。

これは心理が行動に深く影響している特に複雑な状況である。しかしこの女性は特定の目標を達成しようとしていた。彼女は娘たちに健康で幸せに育ってほしかった。自分自身は、それが達成できていないにも関わらず。このことは、どれも私たちが他に実施した調査でも、私たち全員が耐え忍んだフォーカスグループでも明らかにならなかったであろう（それは投薬と通院の度合いに従っているかどうかが中心だった）。また現実は、この女性が人生で必要としていたものの多くは、製薬会社が役に立てそうなものではなかった。しかしデジタル・ツールの登場と、ソリューションのエコシステム形成を目指した他社との提携にオープンになったことから、これは変わった。任務を達成するために、多様な方法で顧客に対応する柔軟性を大きく高め、従来の市場調査手法では決してわからなかった方法で顧客を理解するためには、間口をはるかに広げて対応する必要がある。

これらの手法はいずれも、最も基本的には、顧客が何を達成しようとしているのかを掘り下げる際に「初心をもって」取り組むことを可能にしているのだ。調査の設計者や統計学者の想定や思い込みからデータをフィルターしていないため、企業が価値を創造しようとしている人々のモチベーションを理解するうえで、できる限り心の中に入って行ける方法である。この知らぬが仏という出発点は、理想的には企業がその価値をどのように構築するか、実用最小限の方法でどのように市場に出すか（未知の不可知の領域で仕事をする際に試験、学習、望ましい行動を牽引する）を想像しつつ、最初の原則から仕事をすることを可能にする。また既知で知ることが可能な領域への波及効果もある。まったく同じ手法を使って、中核市場に提供する物は、発売すれば必ず的を射ることが確認できる。それにより、考えられる数知れないソリューションの組み合わせをスパッと整理し、尋ねなくても彼らが必要としていることがわかっているものを顧客に提供することが可能になるのだ。そしてその過程で、毎年企業が使っていた有効性が、ますます薄れている調査に費やす450億ドル以上を節約して回収し、別のものに投資、あるいはさらに有効に使うことも可能なのである（注40）。

第8章
コントロールを放棄せよ：古典的なステージゲートを捨てる

昨年私たち2人が貯めた航空会社のマイレージは約100万マイルに達した。私たちはライフハックに熱心で、日々の生活を少しずつよくしていくためのちょっとした方法を探っている。出張における時間の一番よい使い方についてもよく考える。これは、生産的なことができる場合（たとえば本の執筆など）を除き、主に空港での待ち時間を最短にする方法のことだ。

空港での非生産的な待ち時間を最短にすることは、リスクと不確実性の概念を示す格好の方法である。

まず目的と、判断を間違った場合の影響を定義しなければならない。この場合の目的は、空港で過ごす時間を最短にし、かつ飛行機に乗り遅れないことである。判断を誤った場合の影響は、状況に応じてきわめて異なる。朝7時ニューヨーク発ワシントン行きのシャトルに乗り遅れたので8時のフライトで「よしとする」のと、翌日重要な講演があるのでニューヨーク発ロンドン行きの最終便に乗るのとは違う。ロンドン行きに乗り遅れたらその重要な講演に欠席となるのであれば、もしもの場合に備えて空港での待ち時間に余裕をもたせるほうがいいだろう。時間の余裕というのは、ある状況でどの程度リスクを回避したいかをよく表している。(この状況では) 時間の余裕をもたせればもたせるほど、実際にリスクを嫌っていることになる。

なぜ空港で待ち時間に余裕をもたせる必要があるのだろうか (少なくとも1年に1度飛行機に乗り遅れるようでなければ空港に来るのが早すぎる、と言う人もいる)。まず空港に行くのにかかる時間は本質的に変数である。変数は、リスクと不確実性を定義するのに役立つ。経済学者のフランク・ナイトはほぼ100年前に初めてリスクと不確実性の違いを一般に広めた。これについては第I部で説明したが、おさらいをすると、リスクは測定評価できるが、不確実性はできない。その意味では、リスクは、目標を達成する一方で、変数のインパクトを緩和するためのステップをとることにより「管理」できる。不確実性も管理しえるが、通常は、目標と比較して、不確実性を効果的に管理するコストは相当に高い。

一部の事象、たとえばタクシーは時間通りに来るか、空港までの所用時間、セキュリティ・チェックの列の長さなどは比較的知り得ることであり、リスクを緩和するコストも低い。すなわち管理可能である。必要なのは、最適な出発時間を決めるために、ある状況においてどの程度リスクを回避したいかを判断することだけだ。空港で非生産的に過ごすことの辛さと、飛行機に乗り遅れる辛さの程度は数学的に定量化できる。その計算に基づいて、飛行機に乗り遅れるリスクを緩和するためにどの程度の時間の余裕が必要なのかを割り出すことができる。ナイトの定義によれば、これらはリスクである。

そのうえで、変数はまだほかにもある。乗ったタクシーのタイヤがパンクすることもあるし、途中で軽い事故にあうかもしれない。運転手が携帯でメッセージを送っているところを見つかり、警察官に車を停止させられることもある。交通渋滞がひどくて、タクシーを降りて空港まで歩きたくなるかもしれない。ナイトならこれらを不確実性と分類するだろう。変動性をもたらす要素であるが、容易に、あるいは正確に知ることはできない。

リスクと不確実性は別々の方法で管理する必要がある。変動性を知ることが可能であり、かつ低コストである場合、それを無視するのは愚かである。リスク回避の程度が低くても、到着時刻の目標を早く設定する方を選ぶかもしれないが、変動性を明らかにしないのを選ぶことは、リスクを無視するのと同じである。

不確実性は違う。それを管理するためにできることはあまりない。あるいは管理するコストが高い。そのため、リスク回避の程度を高めることにより、望まない顛末が起きないよう管理することになる。講演のためのニューヨーク発ロンドン行きの便を考えてみよう。タイヤがパンクする可能性を緩和する唯一の方法は、どんな事態であっても待って搭乗させてくれるプライベート・ジェットに乗ることだ。そのコストが高くて払えないとしたら、不可知のものに備えて十分余裕をみるために早く家を出て、空港での待ち時間が長くなることを受け入れるしかない。

企業行動の分析

「爆破」すべき行動は、リスクマネジメントに画一的なアプローチをとることだ。

企業は通常、柔軟性のないリスクマネジメント・システムを使い、あらゆるプロジェクトで同一プロセスを踏む。それがニューヨーク・ワシントン間のシャトル便でも、ロンドン行きの最終便でも変わらない。そしてほとんどの場合、企業は、どのプロジェクトもロンドン行き最終便であるかのようにシステムを設計している。それは多くの場合、状況に照らして必要以上にリスク回避であり、プロセス過多である。

これは特に実績あるビジネスモデルをもつ成功した老舗企業に該当する。意思決定の結果がどうなるかが一様でない場合、「単に前進する」か、「さらに多くのデータを収集する」かの選択に迫られると、マネジャーはより多くのデータの収集を選ぶのが通常である。判断を誤った場合の実際のリスク量に合わせて、リスクマネジメントを増強したり縮小したりする例はあまり見ない。たとえばほぼコストをかけずに必要に応じてコードを更新できるソフトウエア会社であれば、中核商品の微調整を決めるたびに深く掘り下げた分析が必要となる可能性は低い。逆にはるかに大きな負担がかかる状況もある。たとえば間違った意思決定の代償が人の命であったり数百万ドルの損失であったら、データを収集して分析する時間をかけることは有益だし、必要でもある。

忙しすぎて自分の仕事に十分手が回らないと言う人は多い。しかし分析は「もう十分だ」と宣言して意思決定を強い、それに絡む個人的なリスクを進んでとる人はほとんどいない。そのため仕事は山積みになり、計画は延長され、新入社員は自分に責任が及ばないようにするコツを学ぶ。答えが自明になり、誰からも間違ったと非難されなくなるまで意思決定は先延ばしにされる。このリスクマネジメントプロセスが一旦動き出したら停止することはできない。停止させたら成功している企業の一部は崩壊する可能性があるからだ。機会が、「既知で知ることが可能な分野」、すなわち測定可能な領域から、「未知で不可知な分野」に移ると、このリスクマネジメントプロセスは自己欺瞞と時間のムダを導き、ひいては破局的な意思決定に繋がる可能性がある。

産業界の人々に、不確実性に直面したときの行動を尋ねたところ、彼らの会社は次の反応をとるという回答を得た。

・約80％の会社は、さらなる分析を必要とした。
・約40％の会社は、プロトタイプを作成した。
・約50％の会社は、市場テストを行った。

全社的リスクマネジメント（ERM）に関する先駆的思想の提供を専門とするCOSO（注41）によると、リスクマネジメントは、「状況の変化に伴う戦略の強みと弱み、および戦略が組織の使命とビジョンとどのように合致しているかに関する展望を加えることにより、経営陣の対話を充実させる」ものである。リスクマネジメントにより、経営者は代替戦略も検討し、選ばれた戦略を実行する担当者のインプットを考慮したという自信を深めることができる。

戦略が決まると、全社的リスクマネジメントは、「組織が戦略に影響しうるリスクに焦点を絞り、そのリスクをよく管理していることを知ったうえで、経営者が経営者としての役割を果たす有効な方法を提供する。全社的リスクマネジメントを適用すると、経営陣がこれらのリスクに対応し、管理しているかに関して、これまでになく厳しい監視の目が向けられる現在の環境において、ステークホルダーの信頼を形成し、自信を植え付けるのに役立つ」。

COSOは最新のフレームワークで、互いに関連する次の5つの構成要素で全社的リスクマネジメントを定義している。

1 **ガバナンスとカルチャー**：全社的リスクマネジメントに関する監督責任を構築する。

2 **戦略および目標の設定**：リスク選好度を確認し、戦略と一致させる。事業目標は、リスクの特定、評価、対応の土台の役割を果たしながら、戦略を実行させる。

3 **パフォーマンス（実行）**：選好度を土台にしてリスクの深刻さに基づき優先順序を付ける。その後、組織はリスク対応方法を選び、組織が負うリスクの量をポートフォリオとして把握する。このプロセスの結果として主要なリスクをステークホルダーに報告する。

4 **レビューと見直し**：パフォーマンスのレビューを行うことにより、全社的リスクマネジメントの構成要素が、時間経過とともに、かつ相当な変化に対応して、どれほどうまく機能しているか、そしてどのような見直しが必要かを検討する。

5 **情報、コミュニケーション、報告**：全社的リスクマネジメントには社内外の情報源から組織の上下左右に流れている必要な情報を収集・共有する継続的プロセスが必要である。

古典的なステージゲート法

これが私たちの本命、すなわち爆破すべき手法である。これは、課題認識が手法導入時の意図と合致しているか否かを検討せず、何も考えずに手法を適用するとどうなるかを示す格好の例である。ステージゲート法は、約80年前に化学工学の研究所で誕生し、ステージゲート・インターナショナルとその設立者であるロバート・G・クーパー博士が商標をとった。この手法は、商品開発プロセスにおける投資判断にデータと合理性を持ち込むことを目指している（注42）。

ステージゲートの前提は単純であり、表面的には分別がある。新製品（サービス、マーケティング・キャンペーン、設備投資プロジェクトなど）の開発に最初から多額の投資を行う代わりに、プロジェクトを一連の直線的、予測可能な開発段階にわけて運用する。各段階の区切りに、「ゲートレビュー」という会議が開かれる。この会議では、主な意思決定者は目標に照らして進捗状況をレビューし、主な測定評価項目において予め設定した合格点を得れば、プロジェクト続行が決まる。それ以下であれば、ボツになる。プロジェクトが初期のアイデア創出から実現および導入へと進むにつれて、評価項目は、戦略的フィットなどから、技術的実現可能性や期待リターンなど、より具体的なものに変わる。通常、開発の5段階は次のようにまとめられる。

1 スコーピング（検討範囲の絞り込み）
2 ビジネス・ケース
3 開発
4 テストと検証
5 発売

急げ！
ステージゲート会議の
時間だよ！
TOM FISH BURNE

ここでの問題は何か。実は、私たちが知っているほぼどの企業も現在、意思決定でこの方法に従っている。投資に段階別の取り組みをするのが有効なのはもちろんだ。問題は、これら5つのステージゲートの規範それ自体が「正説」であり、将来企業にとって脅威となるということだ。

フロントエンド・ローディング

企業は、イノベーションや商品開発の停滞を解消するステージゲートの威力を称えることが多い。明確なスケジュールとゲートレビューの予定を立てて運用することで、進展を強い、開発過程で徐々に勢いを失うというイノベーションの積年の問題を解決する。しかし、これは意図せぬ結果を伴う。

ステージゲートは有効だと思い込むことにより、正説を引き起こす。つまりイノベーションを実現するために必要なのは、アイデアを投入することだけであり、「初期段階に負荷をかける」ことに焦点を絞れば、ステージゲートが、勝つアイデアと負けるアイデアを自動的に選別してくれる、と。しかし筋の悪いアイデアでこの流れを詰まらせると、その後の評価で膨大な時間が無駄になる。ブレーンストーミングはよい活動だが、ほとんどの組織はその実践が上手ではない。多くの場合、ブレーンストーミング特有の効果を十分発現できず、満たされていない顧客ニーズ（アンメットニーズ）について深いインサイトを導き出すことができないからだ。

（不良）データの過剰負荷

ほとんどの企業はゲートキーパー（経営陣）の意思決定に役立つように、データと分析が一杯詰まったプレゼンテーション資料を大慌てでまとめてレビューの準備をする。しかし、既存市場やインフラがないアイデアに関しては、データがほとんどない可能性がある。レビューの時間が迫って、プロジェクトチームがさらに慌てると、次の2つのうちのどちらかが起こる。アイデアに対するリスクの特徴や、アイデアを具現化するために必要な顧客の行動変容などについて分析・把握せぬまま、ゲートの合格点に達するために必要な潜在的なケイパビリティが、すでに自社にはあると仮定する。そうした仮定は文書で裏付け可能な場合もあるかもしれないが（実際そうでないことが多いが）、あたかも事実であるように見られ、「要テスト」とも明確に認識されない。結果、当て推量であったものが常識になる、というのが1つだ。さらにひどい場合は、プロジェクトの将来に自信をもちすぎるあまり、データを捏造するチームすら私たちは目にしてきた。チームのミッションは単にゲートレビューに合格することであり、ゆくゆく発売して成功することが彼らの仕事の究極的なリトマス試験である。したがって、リスク緩和プロセスを意図したものが、実際はリスクを減らすどころか増やしている。

中核領域への回帰

皮肉なことに古典的なステージゲート法が最適なのは、それをほぼ必要としない事業機会の管理である。チームは、既存事業に最も近い事業機会、すなわち知ることが可能な領域の中でも最もよくわかっている領域で自らの過程を最も強く確信し、先述のデータの罠に陥るのを避けることができる。この分野では、時間に追われることが少なく、間違った想定も少なく、またチームの意思に合わせてプロセスを歪めようとする試みも少ない。大胆なアイデアの場合は、リスク、実証にまつわる負担、データ探しの困難さ、時間の制約、正説に反してそのアイデアを支持することの個人的リスクなど、すべての度合いが高まるように感じられる。するとチームはアイデアに手を加え始め、尖ったところを少しずつ削り取ってはるかに丸い、遠慮がちなものにしてしまう。そうなればアイデアを擁護しやすいからである。ステージゲート法は、企業が大胆なステップを慎重にとることを可能にするために始まったのに、漸増的なステップを勝手にとることを可能にする手法になってしまった。

プロセスは目標より大事なのか

多くの社員はなぜ会社がステージゲート法を使うのかを理解しているが、そのプロセス自体を好む人はほとんどいない。ゲートレビューは、一般的に受け入れられた必要悪であり、あらゆる会議の中で最も嫌がられているものでもある。企業はステージゲートのプロセスを順守させるために、数百万ドルのプロジェクトのペースを緩めたり、停止させる権利を若手社員に与えることがある。プロジェクトチームは、アイデアの有効性を実証することよりも、各ゲートのチェック項目をすべて確認したかどうかのほうを懸念する。元々はリスクを低減させ、経済的リターンを拡大するために設計されたものが、どんどんお金を無駄に使うシステムへと変わってしまった。

アイデア殺しの崇拝

ステージゲート法の提唱者は、大胆な意思決定が下せることを重要なメリットとして挙げることが多い。永久にさまよい続けそうなプロジェクトの場合は、確かにそうだ。しかし、多くの企業は少々行きすぎのきらいがある。ある同僚は、ステージゲートを「コロシアムの死闘見物」と説明した。プロジェクトチームを古代ローマ帝国のグラディエーター（剣士）にたとえ、彼らがゲームレビューで戦いを繰り広げるために登場し、皇帝兼ゲームキーパーによる決定を息をのんで待つ。承認のサインが出たら、生き延びて、日を改めて戦う。却下の場合は、プロジェクトと共にライオンの餌食である。情け容赦なくプロジェクトを停止させ、後に断固たる行動をもてはやされて評判を築いた幹部も多い。これは初期段階でできるだけ多くのアイデアを押し込むことのもう1つの意図せぬ顛末である。古典的なステージゲート法は、面白味のあるアイデアを育てるのではなく、アイデアを殺す。ボツになるのは悪いアイデアだけではない。よいアイデアでもそのよさを「証明する」のに必要なデータがないとボツになる。これもアイデア形成と評価への画一的なアプローチが生んだ悪循環である。

基本原則を適用する

クーパーが、最初の段階から顧客の声をプロセスに反映させ、顧客志向を実現するためにステージゲートを設計したことは好ましい。ステージゲート法は、うまく実行すれば、部門横断のチームの参加を促し、サイロを破壊し、総合的な意思決定を可能にする。しかし先述の理由から、あらゆる無駄をなくし、実証する負担を軽減したとしても、ステージゲート法が有効なのは「知ることが可能な問題」だけだ。前代未聞の課題と事業機会、すなわち試してみるまでは不可知であるものを、「知ることが可能であること」に適したプロセスに通したら、偉大なアイデアも簡単にボツにされる。

これに適用する基本原則も、「初心で臨む」ことである。ある種の評価を行っているのは「なぜか」と問うことにより、直面している問題の種類と、リスクを緩和し不確実性を管理するために行う作業とを合致させることができる。企業は常識に従うと、多くの状況で役立たない画一的な手法を適用してしまう。私たちの目標は、状況に応じてより柔軟なプロセスを構築することである。

現在、企業はリスクと不確実性の両方を管理しなければならない。不確実性が主の状態となり、ステージゲート法から大きく離れる動きがある場合もある。多くの場合、どの企業も、出発点から事業機会を効果的に特定しなければならない。特定するのは、（ａ）リスクかそれとも不確実性かという点と、（b）「前例」というかたちでその種の課題を目にしたことがあるか、である。

（シナリオ・モデリング、財務予測、感度分析などの手法で）測定評価が可能であるのでリスキーと呼べるものは、本質的に、どれも「知ることが可能」な今日の標準的な事業に近い。リスキーな分野においては、証拠を集める負担、分析の水準、リスクを理解して意思決定を行うのに費やす時間はさまざまであって当然である。リスキーなプロジェクトの種類は次の3つがあるが、不確実なプロジェクトの種類はその後の1つのみである。

❶リスクは低く、悩む必要もない

これは「とにかく実行するしかない」分野である。おそらくすでにソリューションが多く存在しており、即座に経済的価値を得る可能性が高いからである。これを徹底的に研究する理由はほとんどなく、あえて言えば、ステージゲートの短縮版にかけるとよい。

例）ロボティック・プロセス・オートメーション（RPA）：

RPA技術は本質的に、反復的できわめて論理的かつ構造が明確な作業ができるようにコード化されたソフトウエア型ロボット、すなわちソフトボットである。登場してからしばらく経っており、業界を問わず事例やケーススタディは広範にあるが、金融業界でそれが著しい。そのため投資銀行業務での高度な注文処理を自動化するためにＲＰＡを使うか否かを検討する場合、正しい決定は明らかだった。利益率への圧力が高まり、構造が明確な作業の自動化が成功すると、次のステップとしてテクノロジーへの需要が高まると考えることは合理的だ。それはこの業界が向かっている方向であり、競合他社すべてがそうなるのは単に時間の問題である。この状況下でこの技術を取り入れないことは、より大きなリスクと考えられるのだ。

❷リスクは高いが、前例がある

これは、リスクに晒される可能性は高いかもしれないが、とるべき動きにきわめて自信がある状況だ。なぜならその動きは、まったく同じ状況ではないものの、以前どこかで適用されているからだ。その動きがなぜ理にかなっているかを論じるのは、かなり単純なはずだ。ステージゲートはこのような場合に適切かもしれない。しかし証拠を揃えるための負担は低く保ち、短縮版を使わなければならない。

例）センサーを使ったＩｏＴ事業のビジネスモデルとデータの販売：

ユナイテッド・テクノロジーズ（ＵＴＣ）は、ハイテクの工業用部品および製品の開発で業界リーダーであった。近年、新たな競合他社がオンライン販売を始め、ＵＴＣは、競争で後れを取らないように自社もその方向に進む必要があると認識した。同社はある試みとして、航空機と航空宇宙製品にセンサーを加え始めた。最初、それは予知保全ニーズのためであった。しかし展開するにつれて、多くの分野でデータが有益であることに気づいた。結果、これまでとはまったく異なる顧客であるパイロットからの新規収益源を誕生させた。UTCはこのデータを使って、OpsInsightsという携帯プラットフォームを構築することを決定した。パイロットはパーツからの操縦情報を閲覧し、A地点からB地点に飛行するよりよい方法を理解することができる。UTCは他の多くの業界からの証拠に基づき、事業価値を生むためにデータをこの方法で活用できるという強力な仮説をもっていた。そのため、このプラットフォームをテストし、きわめて良好な結果を得ることができたため、新ビジネスモデルを構築して、それまで対応したことのない顧客層を開拓することができたのだ。

❸リスクは高く、前例もない

これは、前例や類似したものをどこかで見た経験がない動きである。この場合は予習をしっかりする必要がある。なぜなら（財務的であれ評判に関わることであれ）リスクに晒される可能性は高く、その動きの経験がほとんどないか、他社の成功談という形での裏付けデータもほぼないからである。この領域にもステージゲート法が適する場合もある。

例）協働的なエコシステム志向型のソリューション開発：

オハイオ州コロンバス市は、2016年6月に米国運輸省の4000万ドルのスマート・シティ・チャレンジ賞を受賞した。このコンテストでは、78の都市が「データ、アプリ、テクノロジーを使い、人間とモノがより速く、安価に、効率的に移動するのに役立つ、この種で初めての総合的スマート輸送システムの開発提案」を提出した。そのソリューションは一般的に知られていた（少なくとも特定可能な開発経路があった）が、それを実現するためには複雑なエコシステムが欠かせなかった。運輸省がコロンバス市に賞を授与したのは、ホワイトハウスのプレスリリースによると、「コロンバス市には、住民全員が移動しやすく、さまざまな機会にアクセスできるようにするために、どのようにテクノロジーを活用するかの包括的ビジョンがある。同市はこの計画を実行するために、業界関係企業や慈善活動団体と協働することで、スマート・シティ・チャレンジから、さらに1億ドルの資金を調達した」（注43）からだった。

不確実

これは「不可知」なものの領域である。古典的なステージゲート法に従う人の多くは、リスクを低減するために、不可知なものを知ることが可能なものにしようとして、データをかき集めるのに長時間を費やす。しかし、その行動が本当に不確実な場合、リスクを低減するために広範なリサーチを行うのは時間の無駄でしかない。インサイトを得る唯一の方法は「とにかく実行するしかない」のである。「リスクは低く、悩む必要もない」のカテゴリーと同様だ。ただし、これは別の方法で管理する必要がある。高度な不確実性ゆえに、少しずつ学ぶ必要があり、そのためにできる限り最小の動きをとることが重要である。そして再び動く(体当たりして不必要に財務リスクに自らを晒すのではない)。この領域では、古典的なステージゲート法は何としても避けなければならない。

私たちが好む「とにかく実行するしかない」の一例は、1990年代初頭のパームパイロットの出現である。自然発生的かつ同時に、アップルはニュートン、他社の多くも設計と技術開発に取り組んでいた時代だ。(一時的にだが)うまく行ったのは、「とにかく実行を重ねた企業」だった。

パームの共同設立者のジェフ・ホーキンスは、プロトタイプ化を行った代表例である。初期のころ、彼はガレージでバルサの木片をオーガナイザーの形状の長方形に切り出し、いくつかをシャツのポケットに入れ、そのまま会議に出た。その時点で特に役立つことが頭に閃いた瞬間に木片の上にスケッチした。連絡先の入力、瞬間的な連絡先の共有、ノート、カレンダーへのアクセスなどが切り出した木片の上に描かれて、パームに搭載する最も重要な機能の総合ビジョンが形成された。彼は、その当時のコンピュータとは異なり、インスタント機能の重要性に気づいていた。デザイン界の視点で見ても、このデバイスは最初から「正常に動作」した。なぜならそれは、人間が実際どのようにインタラクトするかに基づいて設計されていたからだ。パームの興亡はかなり長い話になる。しかし初期にジェフ・ホーキンスは、リスクを最小限に抑えつつ不確実性に対処する巧みな方法を示した。

少し構築し、少し学び、また少し構築する、を続ける能力こそが、不確実性の領域に挑戦する誰にとってもきわめて重要である。このプロセスは、人間志向のデザインに基づくイノベーションへの取り組みでよく活用されており、「鋳掛（いじって直す）」のマインドセットを新たな機会形成に適用することとも一貫性を持って取り組むことができる。本質的には、ほとんどの不確実なプロセスに適用できる。たとえば人事考査の項目とインセンティブの基本的な変更が従業員にどう受け入れられるかにおいても、新しいイノベーション・プラットフォームの開発においても、同じように有効である。しかし出発点で正しい方向性がないと、あてどない蛇行になってしまう。どのような不確実性のあるプロジェクトにおいても、望ましい行動が北極星のように見えていることが重要である。不確実性に

直面した場合は、まず行動に関する適正なインサイトを携えて正しい方向に向けて出発する。そして正しい答えに向かって軌道修正を行うために、実用最小ステップの構築とテストを何度も繰り返しながら前進するのだ。

しかし不確実性とリスクを混同してはならない。またあらゆるプロジェクトでステージゲート法に依存してはならない。

第9章
陳腐なスローガンは破り捨てろ：「失敗を称える」のは凡庸の言い訳

常に華やかなスタイルを称えられてきた『フォーブス』誌は、2000年に、広告業界がそれまで目にしたことのなかったコンセプトを導入する用意を整えつつあった。同社は直前に :CueCat バーコード・スキャナーを購入して約100万人の定期購読者に郵送したところだった。:CueCat とは何か。それには2000年当時のことを思い出さなければならない。Pets.com はまだ「威勢がよかった（長続きはしなかったが）」し、スタートアップへの投資がブームになり、人々はずっと夢見た大金を手にする日を待ちわびた。ニューヨーク市民はサブウェイ・シリーズ（2000年のワールドシリーズ）の開幕を待っていた。そしていまは亡きデジタル・コンバージェンスという会社は、雑誌の読者が広告のバーコードをスキャンし、ウェブでさらに情報を得るための装置、:CueCatを開発していた。標準的なウェブページのバナー広告と同じコンセプトであるが、雑誌広告からというところが違っていた。

:CueCatという名前は、この装置のデザインが眠っている猫であることに由来していた。広告に関する情報をもっと得たいと望む消費者のために機械を作るという目的は、愚かではなかった（実は現在のほとんどの電子雑誌の広告のリンクは、この特徴が組み込まれている）。しかしすぐに多くの批評家はこの設計の重大な欠陥を指摘した。この商品を使うためには読者はこの装置をコンピュータに接続し、インターネットと繋げる必要があった。2000年当時、WiFiはまったく一般的ではなかったため、これは雑誌の読者が机に向かっていることを想定したものだった。テクノロジー関係のある批評家は、机で雑誌を読むという考えを「馬鹿げているし不自然だ」と評した。

当時、約100万個の:CueCatを買い、雑誌の定期購読者に郵送することは「会社の命運を賭ける」ほどではなかったが、決して些細な動きでもなかった。この装置はたちまち燃え尽き、バーコードは雑誌広告に現れなくなった。『フォーブス』誌は、多額の資金を無駄に使い、広告にバーコードを入れるように広告主に働きかけた営業の努力も無駄になった。同社はこの経験は概ね教訓になったとし、終止符を打った。

別のやり方があるとしたら、それは:CueCatを、たとえばある地域、もしくは「選りすぐりの購読者」など、定期購読者の一部に送ることであっただろう。購読者にこの装置が欲しいかどうかを尋ねてもよかっただろう。同社はとにかく全員に送った。「より大胆」な方法だった。自信に満ちた同社はひるまなかった。結構なことだ。

しかしそれは不要なリスクであった。もしも少数の購読者を対象に試験をしていたら、出遅れて市場シェアを失うことになっていただろうか。その可能性は低い。:CueCatは、この装置を『フォーブス』のライバル誌に売ろうとしただろうか。おそらくしなかっただろう。ということは、先行者優位を構築する意味はなかったということだ。しかしこの動きは非常に目立ったため、同社は言い訳を見つけ出さなければならなかった。そこで、「リスクをとらなければ成功できない」というような発言が出てきた。

必要以上に大きな失敗をすることは、称賛の理由にはならない。『フォーブス』誌は「実用最小限」の動きをとる機会を逸した。それを行っていれば、:CueCatを100万人の購読者に郵送するのと同じインサイトが得られていただろうに。

近頃は、ビジネス・リーダーたちが惨憺たる失敗を称え、「失敗は組織が学ぶ唯一の方法である」と発言している記事を目にすることが多くなった。企業の壁に、次のようなことを訴えかけるポスターが貼られているのを見たこともある。

失敗を受け入れよう
失敗はやり直しの絶好の機会だ
悪いアイデアなど存在しない

こんな異常事態は止めにしよう。

企業行動の分析

組織は、リスク回避的な文化が主流ななかでリスクを取ることを促そうとしている、というのが私たちの見解だ。経営陣が事業を経営する資格は、事業の所有者に価値を還元するということと結び付いている。それを考えると、失敗しても大丈夫という姿勢を示して回るのは無責任であるし、間違っている。

私たちが訪問する企業のほとんどで、経営者が「悪いアイデアなど存在しない（あるいはこれに類したこと）」と言うのを耳にする。このようなマインドセットが徐々に広がってきたのはなぜか、私たちにはわかっている。これは個人や組織にリスクを取らせるようにさせる偽薬のようなものだ。ＩＢＭの初代経営者の１人であるトーマス・Ｊ・ワトソン・シニアは、「最も素早く成功する方法は、失敗の率を２倍にすることだ」と発言したことで有名である（注44）。

ワトソンの発言は、事業のイノベーションを実現するためには、リスクをとり、（不可避ではないとしても）潜在的な誤りから学ぶ必要があるという重要な真実を示している。しかし最近の企業をみると、行きすぎであり、この考え方があまりに杜撰かつ勝手に適用されている。その結果、膨大な時間の無駄と、真剣であるべき事業機会の検討に実にお粗末なアイデアが登場するようになった責任は、そこにあるとせねばならない。失敗の定義の１つは「成功の欠如」である。この種の失敗を促すものは価値破壊につながり、どの企業の使命にも反している。

２０１７年のある１週間で、フォーチュン１００企業の２社が、「イノベーション」が計画どおりに行かなかったために膨大な損失を被り、時間と労力も無駄になったという記事を目にした。実名を挙げるのは避けたいので、両方とも産業界ではほぼ遍く知られている企業だとするに留めたい。この記事で特筆すべきは、新たな株主価値の源を創造しようと試みて失敗に終わったが、それがいかに有意義だったかというのが記事の中心であったことだ。上級幹部がインタビューを受けた際に、面目を保つ必要があったからかもしれない。しかしそれ以上のものがある。これらの記事にはお祝いムードが漂っているばかりか、新商品や新規ビジネスモデルを導入して不発に終わったが、それゆえに高水準の顧客インサイトを掘り下げられたと興奮気味に語られている。

こうした記事を読むと、既存企業でイノベーション能力を構築する任に就いたばかりの人との会話で困惑するのを思い出す。通常、彼らは読んでしかるべき本をすべて読み、出席してしかるべきカンファレンスにすべて出席し、先に触れたやる気を出させるポスターのスローガンの虜になり、それを繰り返す気になっている。それを総括して、「我々は新興企業のように行動しなければならない」と彼らは言う。それはテスラ、Airbnb、ウーバー(Uber)のような企業に該当するから、というのがその理由だ。問題は、彼らが働く企業はスタートアップとはかけ離れた存在であることだ。

スタートアップと起業家にとってのインセンティブは、大手の既存企業のものとは異なっている。起業家は、世界の次のユニコーン企業（企業価値が10億ドルに達した未上場のスタートアップ企業）に育てられるかどうか、多様な資産クラスの投資家から一挙一動が見守られている。しかしスタートアップ企業への投資家のほとんどは、それが実現する確率は非常に低いことを承知している。彼らはほとんどのスタートアップの計画は実現しないと予想するが、それは失敗する率が高いからこそ、稀に成功した投資案件からの利益がこのシステム全体を賄うことになるのだ。この予想は、初期段階の企業にとってある種の行動のインセンティブとなり得る。たとえば、早い段階で失敗する（fail fast）ために過度な長時間労働をすること、あるいは、特異なビジネスモデルに従いソリューションを開発するために天才1人の創造性に過度に依存することなどだ。成功した少数のスタートアップは、意外なことでもないが、スタートアップらしい行動をやがては止めてしまう。彼らは予測可能な利益と成長を導く必要があるかのように行動し始める。中核事業の実績ある価値を破壊することなく継続的に進化するために、ビジネスモデルを多様化させることを考え始める。また個人個人は（幸いにもほとんどは）、身を粉にして働くのを止める。一言で言えば世界が変われば、ルールも違ってくるのだ。

さらに悪いことに、失敗を称える「失敗教」の提唱者は、誰かが、実はアイデアの中には悪いアイデアもあり、それは本物の株主価値を破壊する恐れがあると気づくと、単なる間抜けになる。成功しなければ、本当の経済的あるいは評判上のリスクがある場合、実際に痛手となる可能性がある。株価に悪影響が出れば、短期的な業績を改善させるために取締役会は経営陣への締め付けを強化する。

当然ながら「失敗教」の提唱者は、イノベーションの目的は失敗することにあるとは言わない。彼らは、非漸増的イノベーションの動きがとれるのは、リスクをとることが奨励され、自分の仮説が間違っていてもクビになる心配のない環境で働くときだけだと主張するであろう。

これより優れた方法は、実用最小限の動き（MVM）という概念に基づいて構築することができる。私たちは、組織は将来ますます学習できるかどうかで成功もすれば失敗もするようになると確信している。しかし因果関係（すなわち、この動きをとれば、この成果を引き起こす）についての仮説に確信がなければ、学ぶことはできない。また、仮説の検証に一切合切を賭けていたら、学びにはならない。また組織がこのモードを順守していることを確認する必要があるため、この方向に沿って行動しない者は罰する必要がある。したがって私たちのプレイブックの主要素は次のものになる。

・組織に透明性とオープンなロジックを求める
・永続的な一連の検証を実施する
・順守のために失敗を「罰する」

組織に透明性とオープンなロジックを求める

透明性とオープンなロジックをもつ組織、すなわち全員が行動の土台としてどのような前提に立つかに関して、具体的で明確に理解している組織は、失敗を受け入れることで間違った前提を隠蔽する組織よりはるかに優れている。透明性とオープンなロジックとは何を意味するのか。それは意思決定の単なる結果自体ではなく、あらゆる意思決定の土台にロジックを求め、それを評価し、報いることである。

こちらの方が優れているのはなぜか。今日、組織の失敗には大きく分けて2つのパターンがある。1つは、かねてからの正説に疑問を呈さず、業務上の制約、チャンスの性格などの過去の「現実」が将来を支配することになると単に想定することだ。この状態では、会社で正説の問題を取り上げて疑問を呈するという行動自体が、個人にとっての真のリスクとなる。もう1つは、定義が不十分なプロジェクトで必要以上のリスクをとり、必然的に失敗すると「失敗を称える」というパターンだ。

透明性とオープンなロジックを求めることにより、経営陣の注意は、結果のよし悪しではなく、イノベーションあるいは投資の土台であるロジックに集中される。そのためロジックは明確で検証可能なものとなる。また経営陣は健全なロジックに報いるようになる。現在、観察可能なロジック志向の組織の例は、投資管理の領域にある。ほとんどの企業の報酬制度は正しい成果を称えることを前提としているが、その成果がどのように達成されたかの情報はきわめて乏しい。意思決定とその影響がかなりはっきりと見通せる直線的な世界では、その判断の背後にあるロジックを理解することは重要ではない。

しかしテクノロジーの発展の速度により、この世界が直線的であると想定するのは難しくなりつつある。現状の特徴は、よい意味でも悪い意味でも外部環境の迅速な変化であり、我々全員がある程度の不確実性に支配される状況で業務を行う必要が出てくる。それはどんな取引であれ、いくつもの外部要素を考慮に入れる必要があることを考えると、資産運用マネジャーが業務を行ってきた環境と同じである。彼らは通常運用成績だけではなく、投資判断のタイミング、業界のミクロ環境の分析などによっても評価される。トレーディングがうまく行き、運用成績がよくても、そこに至るまでのロジックが間違っていたら減給である。逆にロジックが素晴らしくても外部要素が成功の妨げとなった場合は、称えられることはないまでも、立てた仮説通りにならなかったとして罰せられることはない。

ここで発揮されるのは、オープンさの威力である。あらゆる段階でロジックを明確にし、異論を拒まずに受け入れることができれば、組織全体が問題のあるロジックを察知して、失敗を防ぐことができるはずである。

さらに現実の世界でロジックを検証（次に論ずるように永続的な一連の実験により）する段階に進むと、ロジックを書き留め、それを検証することにより、そのロジックは強力か、それとも問題があるかがわかる。ロジックを言葉で表すことなくアイデアを投げかけても、学ぶところはない。

永続的な一連の検証を実施する

反復実験については本書ですでに説明した。現在それは、どのように戦略について考えなければならないかの基礎となっている。これを効果的に行うためには「問いかけは、プロセス順守に勝る」というマインドセットが必要である。予定表（タイムライン）、マイルストーン、成果物（アウトプット）がほとんどを占める会話の代わりに、「もっと速くできないか」などの質問に焦点を絞るべきである。適正なプロセスが適正な方法で順守されているかを判断するのに何時間も費やす代わりに、数分かけて「これを以前やった人はいないか。その成果を借りるか、土台にすることはできないか」と問うべきである。失敗しても大丈夫という空疎な言葉、リーダーがこのスローガンを繰り返すのを聞いて社員が少々きまりの悪い思いをする代わりに、機敏性とより優れた成果への自負が高まれば、成功の好循環を導くことができる。

自らのロジックが明確であれば、「実用最小限の動き（MVM）」を使って、そのロジックが健全であるかどうかを理解する方法が見つかる。そのロジックが健全であるとわかったら、より大きな展開が可能かどうかもわかる。たとえばUber（ウーバー）のような企業が実験とロジックについてどのように考えたかを振り返って検証するとしたら、次のようになるかもしれない。

- 携帯電話で配車を頼み、マイカーを使うドライバーのコミュニティを作ることは、既存のタクシー市場より優れた顧客体験になり得るという仮説を持っている。したがってこのロジックが正しいかどうかを検証したい。それにあたっては小規模なテスト、たとえばサンフランシスコで人々がこのサービスを使うかどうかを確認し、どんな経済性があるかを理解したい。実験が行われ、合格した。それゆえ……
- 消費者は見知らぬ他人が運転する車に乗るという結果が出ており、あらゆる兆候（テスト結果）は肯定的な体験であることを示しているので、サンフランシスコ以外の場所でもこのコンセプトが有効かどうかを理解する必要がある。そこで他の都市でも実験を行う。特に拡大できる可能性があるかどうかを知りたい。実験が行われ、合格した。それゆえ……

・このコンセプトは米国の主な都市で有効であることがかなりはっきりしたので、世界中の都市で同様な実験を行いたい。実験が行われ、合格したところもあれば、そうでないところもあった。しかし失敗は、この会社の規模と比較して常に小さかった。

・配車サービス業が成功したので、ライドシェアビジネスを開始したら、より大きな市場シェアが獲得できるだろうか。そのため、このサービスは都市を選んで導入する。実験が行われ、合格した。それゆえ……

・配車サービスもライドシェアも成功したので、わが社のケイパビリティを使って別のものを配送できるだろうか。自動運転車を使えるだろうか。ヘリコプターでマンハッタンからハンプトンまで人を輸送できるだろうか。

現実世界での成功を予測する能力を知るには、現実世界での実験に勝るものはない。確かにうまく分析できるものもあるが、変転が激しい環境においては、過去から将来を予測するのは、ますます不可能になっている。そのため、将来を知るための唯一の方法は、動くことである。

この方法では、あらゆる活動は、社内であれ社外であれ、動きの対象である「市場」を前提とする。営業担当者は社外の顧客に直接対応する。人事担当マネジャーは社内の人材層に対応する。CEOは会社の株主を代表する取締役会のメンバーに対応する。これ以前の章での教訓に従うと、ある種の行動変容の成果を導くことに全活動を集中させるという最初の原則に忠実であるなら、ある企業活動のターゲットとなる顧客には、それに関連してとってほしい行動がある。それ自体が測定評価可能な結果であり、不確実性の森を抜け出る際に我々を導く北極星となる。

順守のために失敗を「罰する」

この方法をとっても失敗は依然として存在し、資源の無駄となって現れる。具体的には、実験的な実用最小限の動き（MVM）で多くを構築しすぎた場合（資金の無駄）、市場導入までの動きが素早くなかった場合（時間の無駄）、必要な是正を導くのは何かを理解する時間をとらなかった場合（学習機会の無駄）に起こる。ただし理想的には、無思慮な大失敗は、小規模でごくたまに起こったものでない限りは、容認されないようになる。設計上失敗を排除するシステムを使って有効に業務を行う能力を形成しているなら、実は、失敗が起こったら罰せられるべきである。

つまりこの方法では、正しくない仮説を立てたとして人を罰するのではない。仮説を立てることを怠り、明確であることを怠った人を罰するのである。現実の世界で、あるアイデアを試し、有効でないことが判明したら罰するのではない。仮説を小規模に試験して実証する前に拡大しすぎたことで罰するのである。言い換えると、誰かを罰するのは、「失敗を称える」必要性を作り出す怠惰な思考の犠牲にならないように、その人の行動を改める目的のためである。

実用最小限の動き（MVM）を可能にするツールセットの拡充

幸いなことに、軌道修正の期間を短縮し、行動の結果をモニターするのに使えるツールが、ますます増えつつある。急増中といってもよい。センサーやソーシャルメディアの素早いフィードバックのような新規テクノロジーとアナリティクスを結び付けて、MVMの各々がすぐれたものかどうかがほぼ瞬間的にわかる方向に向かっている。

数多くの企業がすでにデジタル・ツール・キットの拡大を活用しており、センサーとアナリティクスを使って行動の結果をモニターし、導いている。たとえばディズニーはセンサー技術を展開し、実用的な顧客データを即座に得て、ディズニーワールドの体験を短い周期で変更できるようにしている。ディズニーのマジックバンドは、ディズニーワールドに来場する前にゲストに渡される。このバンドには長距離無線とセンサーが組み込まれ、ゲストはスワイプしてアトラクションに乗ったり、レストランやショップで支払ったりすることができる。一方でディズニー側は、ゲストの位置を正確に知ることができる。バンドにはディズニーワールドのアプリが内蔵されており、ゲストは好みのアトラクション、食事、レストランに関する情報を入力できる。すると、ゲストの居場所に基づいて、うまくまとめられたアトラクションのリストが提供され、レストランでは着席する前にオーダーを始めることができる。入店の際にはウェイターはゲストの名前を呼んで出迎える(注45)。

マジックバンドは顧客体験を高め、業務上の展望を与えてくれる。ゲストは、本人が気づく前にディズニーワールドが欲しているものを理解しているという印象を受ける。これはより高額の消費と利益率を生み出す可能性が高い、シームレスな体験が構築できる。さらにディズニーはテクノロジーを使って従業員の勤務を最適化する。このシステムにより従業員の労働時間への代償として給与と、訪問客との個人的な接触時間を味わうための無料チケットを与えている。

アマゾンも同様にアナリティクスを使って顧客と業者の両方から望ましい結果を導き出す。同社の顧客の90％は「カートに入れる」を使う。これは商品詳細のページにあり、ここに注文する品目を入れることにより、購入プロセスが始まる。顧客がアマゾンから購入する商品は、舞台裏では何社かの業者が同一のものを出品していることが多い。その場合、アマゾンはアリゴリズムを使って、さまざまな業者の商品価格、在庫状況、フルフィルメントの履歴、顧客サービスについての評価指標を確認する。カートに入った購入物は、買い物客に最も優れた顧客体験を提供する業者に与えられる。これにより、確実に顧客がアマゾンでの買い物に満足するようにし、一方、販売を望む業者には必ず優れた成績を収めるようにさせる。これはまったく顧客の目には見えない（業者も気がつかないことが多い）。しかし、アマゾンが常に顧客体験を、MVMを1度に1歩ずつとることで改善できるようにしている（注46）。

当然ながら、あらゆるものにMVMの様式を永久にとる必要はない。有効なソリューションとなり市場で発売する準備ができるまで継続的に形を変える新しいイノベーションと同じく、それを使って大規模に展開する自信がもてるようになる時がくる。また新しいイノベーションと同じように、成功の評価指標はその動きの発展に従うために、やがて変わる必要が出てくる。その発展の初期段階では目的および成功から導かれる評価指標は、ほぼ主観的で定性的であるはずだ。ターゲットとする視聴者のニーズの理解を深めようとしているのか。仮説として立てた価値提案は、そのニーズを満たすのか。どのように価値を創造するかに関して自社と業界の正説に疑問を呈しているのか。MVMの安定性に自信がもてた後で、より客観的で定量的な目的および測定評価項目に移るべきである。初期採用率は、この動きへの投資の継続を正当化するのに十分か。この動きへのコストを正当化するだけの価値を創造しているように見えるか。他社も当社のソリューションに引き付けられて、価値創造のエコシステムが根付くのが見え始めているか。これらの質問への答えに1つでもノーがあったら、イエスになるまでテストと改良を続ける余地があるはずである。

企業規模が大きく株主への責任を負っている場合は、失敗という選択肢はない。不確実性に直面している場合の前進は、学習と調整に最低限必要なステップに減らすとよい。失敗はよいことだという戯言の代わりに、経済価値の創造方法に関する分別ある議論をすることにより、時代に合わないビジネスモデルをもつ大規模な企業も、(少しだけ)スタートアップのように振る舞うようになれるかもしれない。

第10章
無常観を取り入れろ：組織図とキャリアパスは賞味期限切れ

一部の企業は社員への待遇が驚くほどよいことで知られている。それは、鳴り物入りで宣伝されることはなく、表に出ないことが多いが、家族的な文化を育み離職率を低くするうえで重要である。たとえば私たちが対応した企業で、ある従業員はカザフスタンで養子縁組の手続きをするのを手伝っていた。同社は、緊急の場合に備えて衛星電話をもたせた。

同社は401(k)（米国の確定拠出型年金）でも会社側のマッチング拠出できわめて気前がよかった。そのため社員は長期間勤務した。ベヴ（仮名）を例にとろう。正確にいつ入社したのかは定かではないが、支払請求の仕事に就いてから、すでに2000年代初期で数十年目であった。民間組織に適用される建築法の不備から、ベヴはなぜか自分のオフィスでタバコを吸うのが許されていた。天井の黄色さから判断して、彼女はオフィスに少なくとも20年はいたに違いない。タバコのすえた匂いには圧倒された。書類はいたるところに散乱し、古めかしいプリンターや電卓がデスクに鎮座していた。

彼女は感じがよかったが、その場を仕切っているのが誰なのかは疑いようもなかった。ベヴだった。ヘビースモーカー特有の嗄れ声でしゃべった。彼女には、長年続けてきた仕事のプロセスがあり、そのやり方を変えようとして邪魔をする者はいなかった。社員はベヴが退職したら、どうやって請求方法や仕様の変更に手を付けてやろうかと冗談を言ったものだった。

産業界はベヴのような人で一杯だ。瓜二つというわけではないかもしれないが、一旦落ち着いたら変わりたくない人たちだ。ソファの上でも特に座り心地がいいところを知っていて、いつもそこに座る。体形が違う人がそこに座っても、なんだかおかしな気がする。ソファに沈み込んでしまう。

ベヴの一群が業界全体に及ぼす影響はおわかりだろう。たとえば広告とメディアの世界を考えてみよう。消費者は2000年にはデジタル・メディアを多用し始めていた。定期的にインターネットをサーフィンし、1日当たりインターネットに接続している時間の割合はどんどん増えた。スマホというカテゴリーが誕生すると、ラップトップやデスクトップのコンピュータ上のみならず、移動中にコンテンツを消費できるようになったため、従来型メディアから新規メディアへの移行は加速していった。

２０１７年までにはデジタル・メディアを非従来型と呼ぶことに違和感を覚えるようになった。なぜならある世代にとってはコミュニケーションのデフォルト嗜好であるからだ。その伸びは圧倒的であり、誰の目にも、そして耳にも明らかだった。デジタル・メディア消費は２０１１年から２０１５年までに約3倍に増え、総メディア消費時間の46％を占めるようになった（注47）。

同期間、消費者がＴＶ広告をより効果的にスキップできるようにする技術がいくつも誕生した。これは新規テクノロジーではなかった。ＶＣＲは最初１９７０年代に登場し、時計機能が午後12時で点滅するのを止める方法を知っている人はほとんどいなかったが、決まった時間に番組を録画し、後日見るためにその機能を利用した。その後デジタル・ビデオ・レコーダー（ＤＶＲ）およびオーバー・ザ・トップ（ＯＴＴ）サービスが登場し、録画したりオンデマンドで好みの番組を見つけたりする消費者が増え、容易にＣＭをスキップしたり、自動ＣＭカットができるようになった。

したがって以上2つの動向、デジタル・メディアの発展と、従来のＴＶ広告の衰退（Ｃ

Mをスキップされるのになぜ広告料を支払うのか）を考えれば、当然ながら、TV専用の広告コストの劇的な低下と、デジタル広告コストの大幅な増加を予想するだろう。それが論理的なはずではないだろうか。消費者が時間をかけるメディアに自社の広告を打ちたくなるのではないだろうか。

ところが、大手広告主によるデジタル・メディアの採用の動きは、控え目に言ってものろかった。実際にデジタル・メディアコストは、全体的には拡大はした。それでもコスト全体に占める割合はきわめて小さい。1999年、デジタルコストは広告主上位100社の総額の1％に満たなかったが、2011年には8・1％に拡大した。確かに相対的には大きな伸びだが、消費者行動から見た割合を考えると大きく後れている。この犠牲になったのは従来の印刷媒体業界である。ところがテレビにはほとんど影響がなかった。実に1999年から2011年の間では総コストに占める割合は増え、62・9％から63・1％へと伸びた。

不公平にならないように言うと、TVの支えとなったものはあった。TVは依然として視聴者数を累積すると大量になる数少ない媒体の1つである。したがって本質的に効率がよい。とはいえこれに該当するのはいくつかの番組やイベントに過ぎない。しかしそれよりずっと深く掘り下げると、別の答えが見えてくる。

なぜ新規テクノロジーの採用にこんなに手間取っているのだろうね。
ダイアルアップ接続担当副社長
固定電話担当副社長
カセットテープ担当副社長
TOM FISHBURNE

TV広告を購入するのは、誰かの任務だった。

そう、ほとんどの大企業のマーケティング部門は、従来型の広告代理店やメディア・バイイング会社と働く人材を任命していた。通常、その人材は比較的ランクが上で中心的な立場にあった。なぜなら以前からほとんどの広告はこの人材を通していたからだ。そのため、TV広告離れが顕著になってきても、この役割に就いている人が別の媒体を試すことに必ずしも前向きではなかったことは意外ではない。

やがて企業は、デジタル広告についても購入し調整する同様な役割を社員に与えた。当初、彼らは非主流派のスペシャリストだった。多くの場合、デジタル担当者は、必要に応じて組織のさまざまな要望に対応できる人材としてセンター・オブ・エクセレンス（ＣＯＥ）の一部として出発した。言うまでもないがＣＯＥに長くとどまると、そのスキルはより広範な組織で十分に活用されないで終わる。

企業行動の分析

組織のサイロが、なされるべき仕事を決定するという一般的なパターンは、新しいものでもないし、秘密でもない。多くの経営者が新しい任務に就任して最初にするのは組織の再設計である。それは、当面は機能するが、それも新規の組織構造が硬直化し、新たなサイロができるまでのことだ。すると、たとえば次のことがほぼ保証されるようになる。

- 戦略部門があれば、「全員が従わなければならない重要な年次戦略計画」があること。
- 財務部門があれば、「全員が踏むべき重要な予算立案プロセス」があること。

・人事部門があれば、「全員が完了しなければならない重要な社員調査レビュー」があること。

これは間接部門の例に過ぎない。独立採算部門ではこれと反対のことを経験する。リーダーたちは「私はこの部門の損益に責任がある。アカウンタビリティを負っているので、『私の損益』に影響する意思決定のすべてを私が行い、責任を負う」と言うだろう。当然ながらこれで機能するのは、アカウンタビリティのレベルが単一な、小型で単純な組織だけである。複数の損益単位（たとえば地域別、事業別）があり、縦横に入り組んだ間接部門がある組織では、あなたが承認しようがしまいが、どこかで誰かが意思決定を行うことになる。

コントロールする必要性、自らの特定組織のサイロの重要性を高める必要性は、「ミーインク（ジブン会社）」の軸となっているロジックとまったく一致している。私の組織の重要性を高めることは、私個人のためになる。なぜなら、組織の中で気分がよくなり、重要だと感じさせて、自尊心も高まる可能性があるからだ。そして、誰かが私が行っていることは重要なのかと疑問を呈すると、当然ながら私は身構える。

ここでの問題は、組織が永久に続くと思い込むことなのだ。職務を新設するとそれは永久に存在すると想定してしまう。その任務に就いた人は、その職から何らかの恩恵を受けるために、自然とその役割を守りたくなるからだ。理に適わなくなった職務から人材を外すためには、きわめて抜本的な再編が必要になる可能性がある。それは役立つかもしれないが、やがては新たなサイロが形成される。

それより優れた方法がある。組織が組織の設計方法と業務の執行方法は永久ではないという無常観を受け入れることだ。多くの退行変性疾患と同じく、コツは硬直化が始まる前に病気を防ぐことである。それゆえ治療よりも予防に焦点を絞ることをお勧めする。無常観を受け入れるいくつかの方法を次に紹介しよう。

定期的に組織を揺さぶる

これが意味するのは、リーダーたちの異動、新たな役割の創設、全体的な組織再編などである。私たちは、これが大型組織で社員間の繋がりの形成に役立つのを目にしてきた。組織を定期的に揺さぶれば、サイロが根を下ろすことはないため、市場に隠された問題が容易に表面に現れる。リーダーたちが、自己の職務は必ずしも永久に保証されているわけではないと理解すれば、組織内でもっと知られるようにすることより、集合的な結果を出すために行動を起こす可能性は高くなる。

これは破壊的ではあるが、立派な第1歩である。

社内顧客向け・最終顧客向けのプロジェクト志向の業務に従事する

顧客行動はビジネスの基本構成要素であるため、あらゆる業務はその目的に向けられるべきである。社内顧客も考慮しよう。組織が最終顧客をサポートするのを可能にしている社員たちである。顧客を軸にして業務を編成することを考えよう。誰のニーズに対応するのか。彼らに対応するために何をする必要があるか。そうしたニーズを満たすためにどんなスキルが不可欠であるか。顧客を喜ばせ、ライバルではなくあなたの商品・サービスを選んでもらうためには何をする必要があるか。ニーズを満たすためにどんなチームを編成できるか。最終顧客へのリンクは明確でなければならない。これらの要件は目的から遡って決まる。全チームの目標は顧客ニーズの変化に合わせて変わるべきである。

キャリアパスに抗う

従業員は「5年から10年後には自分がどうなっているか」をわかっていると主張して、企業に挑む。スティーブがデロイトで社員に助言する際には、彼のキャリアを通して立案したどの計画も実現しなかったことを常に彼らに思い出させる。今後も続くと思ったことはどれもある時点で予想外の方向に向かったこと、偶然巡り合った好機を生かすことはきわめて重要であることも言い添えた。このような話を同僚やクライアントからよく耳にする。計画は通常実現しないで終わる。影響力のある素晴らしい業務を行うことは、さらに大きな規模とより大きな責任のある機会へと導く。しかし企業はいまだに新入社員に向けた10年計画を発表する。

現在、キャリアパスは、安心だと錯覚させるのがせいぜいである。「よい仕事をすればより大きな責任で報われる」という概念を軸にして、社員の考えを改めさせよう。「5年後、10年後にあなたが何をしているかは我々には正確にはわからない。しかし我々が顧客を喜ばせ、あなたが社内顧客を喜ばせることが出来れば、将来、素晴らしい仕事をするチャンスは豊富にある。それが何であるのかを話そうとすることはできる。しかし作り話はしたくないし、後になってなぜ間違っていたかを説明しなければならないことは避けたい」。

スキル基盤を多様化する

認知的多様性（多様な考えを受け入れること）を備えたチームは、それが欠けたチームよりはるかに集団思考と常識の影響を受けにくい。しかしほとんどの組織では、重要な初級レベルの管理職はMBA保有者で一杯である。その全員が同じコア・スキルを学んでいるが、それはほとんどの場合、数十年にわたってMBAのコア・カリキュラムが変わっていないからである。全員が比較的同じように考えると思われる人々を集めて組織内のチームに入れると、常識が入り込み、創造性が抑制される前提条件が形成される。

　この場合、2つの措置をとることができる。1つ目は、デザイナーとエスノグラファーを含めたさまざまな種類の考え方をもつ人のチームを編成することだ。それはなぜか。ほとんどの組織は信頼性の側に向かって硬直する傾向、すなわち指示された通りに業務を遂行する傾向があるからだ。デザイナーは本質的に目的を達する最善の方法を編み出すように訓練されており、ソリューションは実証済みでないとしても、有効性志向が強い。エスノグラファーはチームに観察力をもたらし、訓練されていない人には見えない顧客ニーズを伝えることができる。これは社内顧客にも最終顧客にも該当する。

　2つ目は、エスノグラフィーを補完するためにデータ・サイエンティストを活用することだ。これはますます重要になりつつある。エスノグラファーが顧客の行動を観察することによって顧客について学ぶならば、データ・サイエンティストは彼らの行動をとりまくデータを創造性豊かに検証することにより、チームが顧客について学ぶのを助けることができる。データ・サイエンティストは、チームが外部において、会社が顧客を獲得できているか否かを判断するテストを設計することができる。

　こうした社員、MBA保持者、デザイナー、データ・サイエンティスト、エンジニアなど全員が一緒に働くことができる。私たちが通常とる方法は、こうした人材たちを、全員が同じように考える組織に加えることである。彼らが加わると、魔法のようなことが起こる。チームが成功する前提条件が有効である限り、多様なグループからはるかに豊かな創造性が引き出せる

内部組織の規模と範囲を限定する

どんなことにでも秀でている組織はない。したがってどんどん膨れて扱いにくい組織にしたくないのであれば、組織に要求できることには限りがある。

大型組織のすべてが扱いにくいわけではないが、小さな集団より大きな集団の調整の方がえてして難しい。大型組織は本質的により多くの社員がいるが、社員が多ければ多いほど、対応する必要のある「ミーインク（ジブン会社）」の多様性は高まり。それは問題を含んでいる。組織の大きさは、社員のニーズを満たすために独自で興味深いアプローチが構築できるか否かに影響する。組織が大きくなればなるほど、それには多くの時間と注意が必要となり、実際にできる可能性は低くなる。

組織を大きくさせすぎないことについては、慎重に考えたい。最終顧客を喜ばせることに意識を置き、そのための行動だけをとろう。その周辺の活動は社外の組織に委託する。これにより事業は効率的に運営でき、チームの貴重な時間を重要なことに集中できる。

間接部門の業務がミッション・クリティカルであるのが稀であることを考えると、全面的にアウトソースされていないことは驚きだ。遠隔勤務、データ転送、ナノセカンドの情報シェアが可能になった現在、アウトソーシングはますます容易になっている。したがって社員を増やす際に、こう問うべきである。ミッション・クリティカルな仕事が増えたのか、それとも単に仕事が増えたのか。答えが前者であれば結構である。世界中で最も優秀な人材を探して雇用するとよい。後者の場合は、それを中核業務とする会社を探して委託してはどうか。

組織設計を企業活動の原因にしてはならない。組織設計は、常に顧客を勝ち取るためにどんな業務が必要かを反映したものであるべきだ。どんな業務が必要かは、いままでにないほど変転しつつあるため、顧客の立場から考えてそれが不要となれば、即座にその組織を解体する意思がなければならない。

第 III 部

よりよいものを構築しよう

第11章 どこから手を付けるか：1カ所を選んでDetonateのマインドセットを適用する

2006年、ジェフが住んでいたボストンは大吹雪に襲われた。ニューイングランド地方の冬は厳しく、毎週積もる雪は相当な量だった。ジェフの家から一般車道までの私道は短いので除雪機は不要であり、息子たちも幼く滑稽なことをして笑わせることくらいしか出来ないので、シャベルがあれば自力で雪かきができると考えていた。冬が深まるにつれて私道の両側には雪がうず高く積もり、シャベルですくった雪をその上に乗せるには、自分の頭より60㎝も上に放らなければならなくなった。そこに猛吹雪が襲った。2日もの間、雪は降り続け、学校は休校になり、外出は控えるようにとのお達しがあった。吹雪の最中に外に出て雪かきをしても無駄だった。ひっきりなしに降り続いていたからだ。ジェフと息子たちはある計画を立てた。

それは巨大な雪の要塞を作ることだった。家の脇の通用口は屋根が付いていたので、そこから要塞に行ける通路を設計した。通用口のドアを開けると、1・2m近くに達する雪の山は目の前だった。彼らは、ブランコのことも考えながらトンネルの図面を引いた。トンネルは私道の両側の巨大な雪の山の周りを廻った。石壁を利用して一種の2階を作り、もしガレージに残っている合板を持って来られたらそれで安定させる計画だった。紙に図面を描きながらどんどん気分が盛り上がった。家の正面の2階にある息子のベッドルームの窓から入れるように要塞の上部に入口を作ろう。決定打はトンネルを枝分かれさせてキッチンの窓につなげ、そこから温かいココアや大人向けのお酒の類を持ち込めるようにすることだった。この要塞は春までもつ。ご近所さんを全員招待しよう。こんな風に午前中いっぱいかけて設計し、テーブルを覆いつくすほど多くの図面を描いた後、彼らは本当に壮大なアイデアを手にした。

ところがジェフ親子は何もしなかった。何枚もの図面を見ては、どんな風になるだろうと想像して嬉しくなった。しかしあまりにも美しく複雑ですべてを含んだ設計だったので、実行に移すことを考えると圧倒されてしまった。最初にシャベルを雪に突き刺してから、その日いっぱい、いや多分何日もかかる作業に手を付けることを考えると、たちまち気分

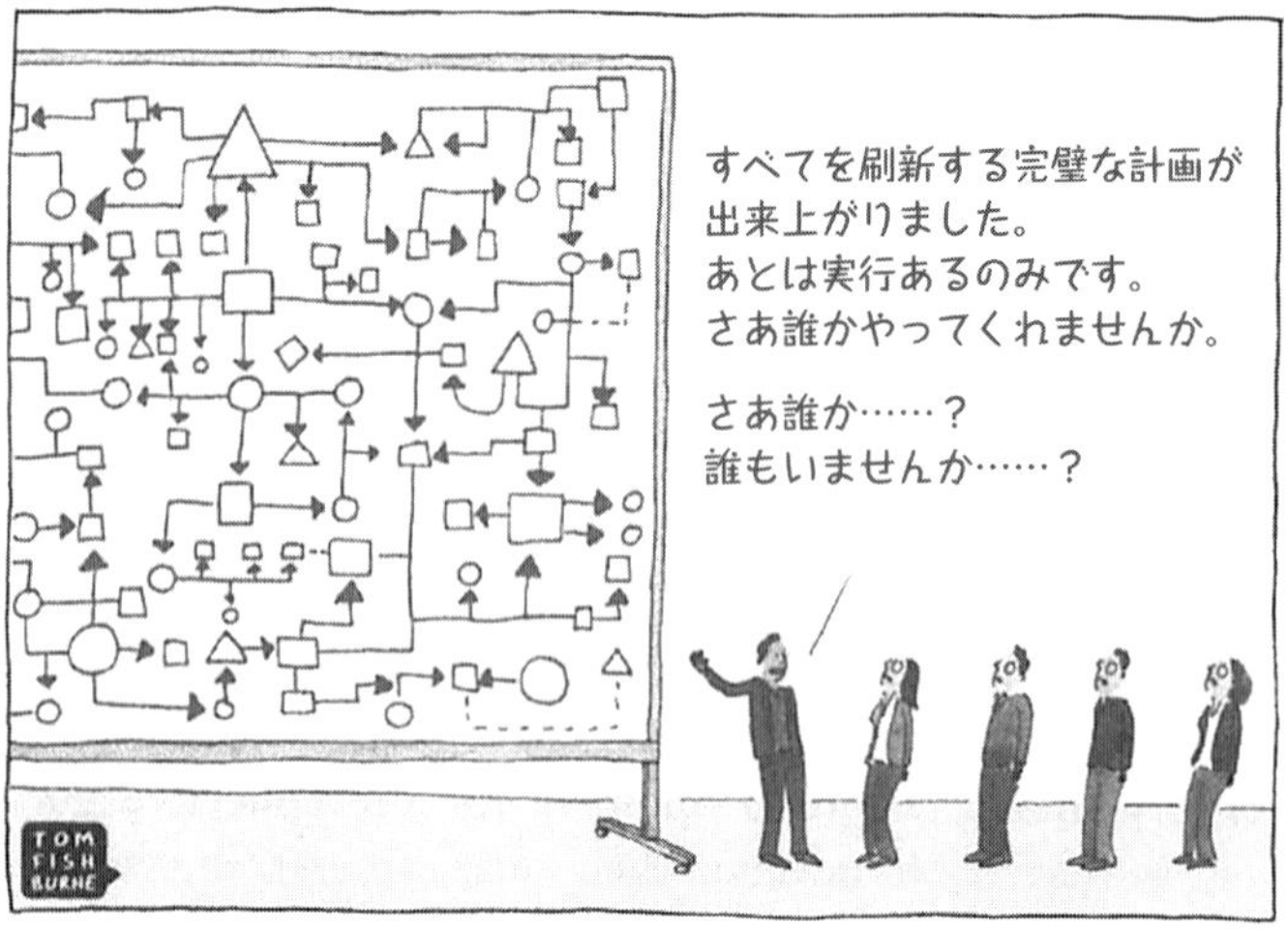
すべてを刷新する完璧な計画が
出来上がりました。
あとは実行あるのみです。
さあ誰かやってくれませんか。
さあ誰か……？
誰もいませんか……？
TOM FISH BURNE

が萎えた。そこで、外では雪が降る中、暖炉に火を入れて映画を観た。やがて食事ができるように誰かがテーブル上の図面を片付けた。それでお仕舞いだった。

もし計画にずっと時間をかける代わりに、すぐに雪を掘り始めていたらどうなっていただろう。本当に驚くべきものが出来上がっていたかもしれない。あるいは、かまくらに毛が生えたようなもので終わっていたかもしれない。いずれにせよ、着手した要塞全体の設計以上のものはできていただろう。

この話の教訓は何だろう。それは、総体的な効果は無視し、その代わりに、前進するのに必要な実用最小限の動き（ＭＶＭ）に焦点を絞ること。そして結末がどうなるかは不明でも、その動きから何かよいものが得られると信じる、ということだ。問題は、どこで、何を、何に、である。

オオカミ少年になるな

第1歩として、最も神聖なプレイブックを吹き飛ばす必要がある。しかしながら本社の屋上から大声をあげて「正説」に疑問を投げかけ、聞く耳を持つ人全員に、この会社は危険な状態にあると宣言する必要はない。オオカミ少年のような行動は、しかるべき時ですら、注意を引くことは稀であり、平安を乱す者がいると反感が広まるだけのことも多い。

ところが、企業が脅威を誇張するのは習慣となり、その結果、そうした警告は話半分に聞くという習慣も根を下ろした。特に訴訟が多い世の中では、要注意の表示は被害を防ぐことより、訴訟から身を守るためであることが多い。それは商品表示を見ればすぐにわかるだろう。直近の研究によると、消費者に注意を呼び掛ける商品表示は現状では役に立たないという。消費者に情報に基づく意思決定をさせるという重要な役目をはたしていない。

なぜなら無視されているからだ。

『ハーバード・ビジネス・レビュー』の記事によると、「現在の警報システムの問題は、オオカミが来ても子犬が来ても『あぶないぞ』と叫ぶことにある。このようなシステムにはほとんど価値がない。オオカミより子犬が来る方がはるかに多いので、人はたちまち警告を無視することを覚える。その結果、実際にオオカミが現れても、ほとんど注意を払わない」(注48)。もし企業の内部構造や神聖なプレイブックのように重大なものに警告を発すると、組織のほとんどは、それは子犬か子犬にも劣るものとして片づけるだろう。

企業は、正説に異論を唱える者をおおっぴらに攻撃しがちだ。攻撃する側は概ね誠実な人で、善意から出た行為であり、組織全体の利益を最大にすること(自分が昇進しようとしている場合でも)を願っている。しかし組織の健全さへの脅威が明らかになると、公式か非公式かは問わず、その脅威の排除に乗り出す集団が出てくる。イノベーションが企業の「抗体」を生み出すきっかけとなることもある。抗体とは、変化に抵抗し、進歩を停止させようとする人々のことだ。ほとんどの抗体は、実は良性であり、概ね合理的で会社の株主の利益を最優先にして行動する。きわめて成功している会社では特にそうである。

生物学では抗体、免疫系は効果的かつ不可欠な働きをする。有害な細菌やウィルスに結合して、その細胞にぴったりとくっつき破壊する。ただし、これは正常な状態でのことである。抗体が有害な場合もある。ほかの感染症とは異なり、デング・ウィルスは抗体を乗っ取り、それを使ってさらに深刻な反応を起こさせる。通常、デング熱に感染した当初は軽症であり、多くの場合は入院の必要もない。抗体がこのウィルスを破壊することは多い。しかし「抗体依存性感染増強」の場合、デング熱に2度目に感染した際に、最初に感染したときの抗体を使い、より簡単に宿主細胞に侵入する。すると出血や臓器不全が起こり、死に至る場合もある（注49）。

レンタルビデオ大手のブロックバスターは、いまや存続の危機を含めてあらゆる兆候を無視した企業の代表例になってしまった。同社の経営幹部のコメントを振り返ると、企業がどれほど現実を意図的に無視することがあるかが理解できる。ブロックバスターは、設立からわずか5年で巨大企業となり、1990年には1300カ所以上に出店していた。1993年に『USAトゥデイ』紙は、「やれ光ファイバー通信技術だ、500のチャンネルだ、ビデオ・オン・デマンドだ、そんなニュースは日常茶飯事です」というブロックバスターのCEOのグレッグ・フェアバンクスのコメントを引用した。こうした動きにより、いつかはケーブルや電話線を通じて数百本の映画がいつでも配信され、そのなかから好きなものが選べるようになり、レンタルビデオ店に出向く必要がなくなるかもしれないことは彼も認識していた。「しかしこうしたニュースは、わが社の話題を複雑にさせるだけのものです」とフェアバンクスは続けた。同様に1993年の年次株主総会で、「創業者でその後CEOになったウェイン・ハイゼンガ（Wayne Huizenga）は、当時開発中だったPPV（ペイ・パー・ビュー課金方式）やビデオ・オン・デマンドにより、ホーム・ビデオ業界は終焉を迎えるのではないかと指摘されたが、真剣に取り合わなかった」。それから7年後、CEOのジョン・アンティコは、ネットフリックスの設立者であるリード・ヘイスティングスによる両社の提携の申し出を一蹴した（注50）。

この結末がどうだったかは周知のとおりだ。

第2章で説明した指数関数的（エクスポネンシャル）な変化と悪循環は、どんな企業にも同様な影響を与える可能性がある。抗体は、過去有効だった防御策が今後も有効だと自信をもつようになる。企業に蔓延した正説に疑問を呈する人が出てくると、防御に回る側は、受動的であれ能動的であれ抵抗して身を沈め、攻撃者が破壊されるのを待つ可能性が高い。そうするうちに変化が延び延びになり、「抗体依存性感染増強」の悪循環が始まる。実は、本書が抗体反応のトリガーになる可能性があることは、私たち2人とも認識している（そして本書の読者の心の中に多かれ少なかれ同様のことを起こしているかもしれない）。そのような中でも安心して活用しうる方法は、*Detonate* の原則を真剣に受け止める必要性を合理的に説明することだろう。あるいはそれより攻撃的ではあるが、実際何かが起こっている可能性を示す早期の警報を鳴らす代わりに、ロジックの不備な点と、決定的な証拠の欠如を見つけ出すことだ。

そこで問題は、進歩を阻害するのではなく逆に加速させるべく、こうした人々に元々備わった善意をどうしたら活用できるかである。トップから始める必要があると言ったら単純すぎるだろう。ほとんどの場合、上級幹部のサポートは全社的などのような施策の成功にも欠かせない。いつかそのサポートが有意義になるときがくるが、それは最初に手を付けるところではない。ほとんどの上級幹部にとって、正説に逆らうことには、個人的、組織的なリスクはあまりに大きいというイメージがある。疑いもない存続の危機を前にしても、成功しているビジネスモデルおよび株主層の要求や短期的な重点の先まで見据えることは難しい。さらに経営幹部の退職が迫っている場合は、それは悪化するばかりである。

どこで：中核に焦点を絞る

事業の周辺から始めるべきという意見もある。私たちのデロイト・センター・フォー・エッジ（CFE）の同僚たちは、どのように「エッジ・ビジネス」をスケールアップするかについての答えを出した。私たちは、これは決定的な答えと考えている。彼らは、指数関数的に変化する状況で企業を発展させるためには、「商品やサービスのレベルでのイノベーションから、組織全体を横断するイノベーション活動に移行しなければならない。残念ながら、従来のように会社の中核に疑問を呈する、規模の大きな変革努力は失敗することが多い。チェンジ・マネジメントは合理的なものではなく、きわめて政治的なものである。『スケーリング・エッジ（Scaling Edges）』手法は、少額の投資で成長の可能性が大きい事業機会、すなわち『エッジ』に焦点を絞り、組織の中核事業を究極的に転換しうる、基本的に異なった業務慣行でそれに取り組むのに役立つ」（注51）。

エッジが、従来の成長や変革への取り組みと異なる点は、長期的にみて市場の破壊的シフトになると企業が見なすものと一致しているところである。エッジは、短期的には市場全体と規模を拡大する可能性のある高成長性のプラットフォームである。そして長期的には、中核を転換し、変革の触媒になる可能性がある。スケーリング・エッジ理論は、変革の推進者（チェンジ・エージェント）は大きな変革には大型投資が欠かせないと思い込みすぎているという点が基本になっている。ジェフ親子の雪の大要塞のように、彼らは綿密で何層にも重なる計画を立案し、多額の投資計画を立て、やがては利益が出ることを期待する。その結果、軌道に乗る前に抗体の攻撃と機能停止の可能性にさらされる。その代わりにＣＦＥが提唱するのは、瞬時に変化する状況において、変革の推進者に中核ではなく周辺に焦点を絞ることを促すことだ。

だとすれば恐らく、常識など一連のものを吹き飛ばすのであれば、同様に最初にそれを試すエッジを探すのは論理的だ。しかしここには大事なポイントがある。エッジの開拓はゆくゆくは中核を追い抜く事業を構築することを意図しているが、あくまで周辺での、半ば隠密の作戦だ。一方 *Detonate* とは、要は中核事業を内部から直接変革することである。周辺からだけでは、中核事業のプレイブックを効果的かつ恒久的に吹き飛ばすのに十分とは言えないだろう。

おそらく反政府活動に似たものとして考えるとよいだろう。地政学の比喩を使うのは避けるが、できる限り迅速にかつ「流血の事態」は避けながら、大掛かりな変革を起こしたいのであれば、正面攻撃は避けなければならない。むしろ「抗体」からも権力者からも隠れて、気づかれないように小さく始めることだ。数を限定した基本原則に焦点を絞り、小さな成功を収めて示すことにより、徐々に支持者を増やしていく。成功は、規模の点でも影響力の点でも拡大していき、他者は気づくようになる。しかし、その効果はあまりに自明であるため、革命家を攻撃するのは非合理的になる。実のところ、この明らかな好影響は、役に立ちたいという抗体の本質的な希望に訴えかけ、改革派に転じさせるであろう。やがてはこの動きを支える勢いが十分につき、止めようにも止まらなくなる。

中核事業で潜行的な革命を始めなければならない。かつては企業を成功に導いた中核部で成功と進歩を示すことによってしか、善意ある抗体の参加を導くことはできないのだ。

何を：まず行動から

第II部で論じた全原則のなかで、人間行動に焦点を絞ることは最も基本的であるのと同時に、それ以外の原則のすべてに影響を与える。また変革にあたり何に集中すべきかだけでなく、どのように変革を起こすかも考察できる。なぜなら、つまるところ変わらなければならないのは、組織内の人間の行動であるからだ。

産業界では、行動科学主義と行動経済はかねてからお馴染みである。ギャラップ調査によると、「行動経済学の原則を適用する企業は、売上高の伸びで85％、粗利益で25％以上、そうでない企業を上回る」(注52)。意図的か否かに関わらず、成長と変革を牽引する過程で行動経済学を適用した企業の例は豊富にある。

中でも最も知られているのはAmazonプライムであろう。ワンクリックの注文から配送日保証や無料メディアまで、一連の特徴は行動を妨げる障壁を大幅に減らし、目覚ましい結果を導いた。本書の執筆時点において、プライムの初年度の会員で年間800ドル以上をアマゾンで購入する人の割合は、非会員の倍である。会員になって4年以上の人では非会員と比べて、この数値は4倍にもなる(注53)。P&Gのファブリーズの担当幹部は、生産中止目前だったこの商品の軌道を修正し、行動モデルを通じて消費者に習慣付けを促すことにした。ただし新たな習慣を形成する代わりに、ファブリーズを既存の清掃習慣の一部にするようにした。(注54) 一新された商品は発売後2カ月間で売上高は倍に、1年間の利益は2億3000万ドルに、派生商品カテゴリーの年間売上高は10億ドルに達した。

またシュロモ・ベナルツィ教授とリチャード・セイラー教授が構築した概念に基づく、「明日はもっと貯めよう (Save More Tomorrow、SMarT」プログラムは、債務不履行、損失回避、オプトアウトなどの行動経済学の概念を明確に活用し、長期的計画で人々の役に立とうとしている。SMarTプログラムの第1回実行において、40カ月で平均貯蓄率は3・5%から13・6%に増えた (350%以上の伸びである) (注55)。

私たちのどちらも行動経済学の分野のエキスパートではないが、実際に適用されたところと、そのインパクトを十分目にしたため、デザイン分野の同僚と共にそのメリットを喧伝する側に回っている。人間行動に焦点を絞るという観念の適用に当たり、行動は事業の最も基本的な単位であるという認識に立ったことが出発点となった。あらゆる事業は経済的利益を得るために何らかの種類の行動結果を牽引することを意図している。また、あらゆる事業は人間行動の累積である。直接の顧客を対象とする最終市場においてであれ、あるいは社内においてであれ、これまでと異なる結果を牽引しようとする場合、焦点を絞る企業活動を選ぶ際にたどるロジックの筋道は、次のようにかなり単純である。

- 会社として何を達成しようとしているのか。
- その目的を達成するのに必要な行動変容の選択肢は何で、誰によるものか。各々の相対的な経済価値はどの程度か。
- その目的を達成する際に邪魔になるのはどのような行動傾向か。
- どのような戦略を組み合わせると、その傾向を克服できるか。
- 戦略あるいはソリューションが有効であることをどうすれば迅速に示すことができるか。

デジタル設計の分野でこのところ話題を集めているのはカスタマー・ジャーニー・マップである（これについては第4章で論じている）。これは顧客セグメントと会社との間の対話のすべて、すなわち最も早期の「検討前」の段階から購入後の評価、そして「市場撤退」の段階までを描いている。これには目新しいところは何もなく、マーケティング戦略家は数十年にわたってバイイング・プロセス・マップを作成してきた。実を言えば世界がいまより若干単純で、「行動者（すなわち消費者）が自分はなぜそうした行動をとるかをもっと簡単に説明できていたら、企業は従来型の市場調査手法を使ってプロセス・マップを作成し、インパクトを高めるためにはどこに介入するのが最善であるかを特定できただろう。

私たちは、行動マップは、対象者が誰であれ、企業の経済体系を目で見て把握し、どの行動に狙いを絞るかを特定するのに驚くほど有益な方法だと考える。先に説明したが、目まぐるしく変動する世界にあっては、行動ドライバーに関する洞察、そして「行動傾向」をきめ細かく分析する科学は、これまで以上に強力でなければ役に立たない。デロイトのイノベーション専門コンサルティング部隊のDoblinは、事業の課題を解決するためにいち早くデザイン手法を活用した。デザイン手法こそ、この分野における新たなインサイトの重要な供給源の1つである。人間は、非合理的な場合もあり、情報に基づく選択を行うのに必要な情報が欠けていたり、頭脳の処理の「エラー」などによってよく間違う。その結果、予測可能な、そして一見非合理的な行動が導かれる。Doblinの研究は、この認識を土台に構築された。その研究結果は、どんな種類の行動であれ、その結果に影響を与える共通要素があり、その多くは行動者自身が説明できるものより下の層に存在していることを示している。次に挙げることがその要素である。

- 家族・親族と自己
- 期待、影響

・枠組み
・時間のゆがみ
・障壁とイネーブラー
・経験

Doblinはこれらの要素を、行動に影響を及ぼす30の戦術に分けている。詳しい説明は省くが、この研究の成果を実践に役立てる方法の1つは、人が何をする時であれ直面する、行動を阻む障壁を理解することである。最も一般的なのは次の7つの行動への障壁である。

1 選択の舵取りをする
2 (分析) 麻痺を克服する
3 衝動的な判断の舵取りをする
4 抽象的な結果を具体化する
5 新しいことを試みる
6 不信を克服する

7 自制心を植え付ける

「新しいことを試みる」の障壁を例にとって考えてみよう。これは、顧客が好みのブランドを変えることを考えているのであれ、従業員が新しい手法を好んでこれまで重視されてきたプレイブックを捨てる場合であれ、それを阻む障壁はよく見られる。当事者は、なぜ新しいことをするのに後ろ向きなのかを正直に説明することはできないかもしれないが、通常は次の4つの理由のうちのいずれかである。

1 間違った選択をして、自分は愚かだと感じるのを恐れる
2 新しいことの価値を疑う
3 動機が欠けている
4 新たな行動に抵抗する

このうちの1つを取り上げてさらに分析しよう。自分は愚かだと感じるのを恐れることは、さまざまな行動を妨げる一般的な障壁である。同じく、行動のリスクを削減するのに有効な一般的なアプローチもある。総じて（たとえば、保証を与えたり、「正しい行動方

法」を示したりして）変化は安全だと感じさせる、あるいは（タイミングよく関連性の高いフィードバックを与える、あるいは練習させたり事前に試してみさせるなどして）励ますことなどだ。

ここでの目的は詳しく行動設計（Behavioral Design）を説明することではない。むしろ、これは行動に関する理解を深められる肥沃な分野であり、認知神経科学によって飛躍的に発展するであろうことを示すことだ。言い換えれば、洞察はどんどん深まりつつあるので、それを活用したほうがよい、ということになる。同社の沿革から考えて、私たちがDoblinの行動設計への取り組みをこれほど推している点はご容赦いただきたい。本当は、同様なモデルやツールは数十種あるが、総じて重要なのは、とにかく1つ選んで使い始めることである。*Detonate* のきっかけを作る最も直接的な方法は、組織として行う活動のすべてにおいて人間の行動を考え、それについて話し、それを軸に計画し、それに関する行動を起こし始めることである。

何に：状況によって異なる

「何を」するかについては一定自明であるが、「まず何に手を付けるか」を選ぶのはやや厄介な問題である。というのも「最初の変革の場所は、内からの革命となるためには十分に『中核』である必要があるが、当四半期の業績を達成するための活動と絡み合いすぎて、企業を破壊するリスクがあってはならない」という二律背反があるからだ。後者は、「コントロールされた環境における爆破」の定義と逆行することになる。そのため、もしシックスシグマの品質管理に依存しているメーカーが、最上顧客の需要の拡大を満たすために、ある工場でフル稼働している状況で、工場の作業員に関するエスノグラフィーを実施しようとして運転を減速させるのは禁物だ。また電子機器メーカーが超大型次世代新製品の発売を目前にし、昨年のモデルよりもある程度値段が上がりそうだという予想に顧客が慣れているなら、オンラインで注文書を記入するのにどのくらいの時間がかかるかに基づいて値段を上下させることは避けなければならない。

おそらく「最も手を付けやすい」場所は、業績が下降気味で、業務の仕方を変化させる理由がある事業あるいは部門である。かつ、それ以外の部門から見て、自部門と関連性があると感じさせる分野に手を付けることが望ましい。すなわちユニコーン以外の事業や部門である。理想的にはその部門に雄弁な生まれついてのリーダーがいるとよい。この2つの条件が合致する瞬間は、リーダーの交代時であることが多い。生まれついてのリーダーが、苦戦している部門の業績を好転させるために別の部門から異動して来たときだ。また、彼らの人柄も非常に重要だ。重要な特性は、変革を喜んで受け入れる、好奇心の強い人である。物事がどうであるべきかを確信している人は、「正説」に抵抗する可能性は低い。年齢は関係なく、デジタルネイティブ（デジタル世代）でもデジタル移民でもよいが、学習意欲がある限りは、有能なリーダーになり得る。

一方で、当然ながら「手を付けるのに最適」な場所は、足元では*Detonate*を必要としない事業である。すなわち強力で、耐久性のあるビジネスモデルがあるような事業である。ここで爆破を行うと、リーダーたちは、将来の価値を創造するために新しい思考方法を取り入れることに真剣だというメッセージを、組織全体に送ることができる。

第Ⅱ部でも説明したように、まずは簡単な動きから始めることをお勧めする。スタートアップ企業のモットーである「小さく始めて拡大する」に従い、勢いを得るためには早い段階で勝利を収められなければならない。従来とは異なる消費者インサイトを使い、行動変容を軸とする計画を作るのにあたり、新たな発想の刺激材料とするために、シンジケート・データや調査を越えたものに目を向けることから始めよう。その後、迅速なプロトタイプ化と「テストして学ぶ」開発サイクルを使い、旧来のステージゲート法に依存する必要はないことを証明する必要がある。成功するために失敗する必要はないことが示せたら、失敗を受け入れる云々のスローガンは廃止すべきである。次に戦略プランニングと財務計画というさらに大きな企業制度に取り組む。やがては全員に、組織図やキャリアパスは、社員に成功したいという意欲を掻き立てるものではないと確信させることができるだろう。

　将来の企業像としてのこのビジョンをクライアントの一部に話したところ、そのような世界をイメージして自然と笑みが浮かび、さらに想像が膨らんだ。主なコミュニケーション手法としてスライドを使ったプレゼンテーションを止めたらどうなるか。「立ったままの会議」とは、どの会議も座るのではなく立っているのが辛くなるほど長引いてはいけないことを意味するというアイデアを実行できたらどうか。Eメールを廃止したらどうだろう。

　これらは壮大なビジョンであり、ちょっと夢見た後で即座にしまい込んだほうがよい。このような壮大な計画から手を付けたら、荷が重すぎて、足を投げ出してリラックスし、テーブル上のスケッチを無視して、そこで終わりになる可能性がある。その代わりに、暗闇の中で単純で小さな一歩を踏み出し、こう問うのだ。「人間行動に焦点を絞ればポジティブな経済結果を導けることが証明できる実用最小限の動き、すなわち、できる限り小さく、真実味のある成功の提示は何か」と。

第12章 リーダーは何をすべきか：よりよい質問によって加速せよ

本書がカンファレンスでの講演であったら、きっと主催者から「来場者がオフィスに持ち帰って即実施でき、大きなインパクトが出うるものを1つ挙げるとしたら、何ですか」というような質問が出るだろう。通常、私たちはこの質問が嫌いである。なぜならそれは、広範に及ぶ組織変革という課題を矮小化し、キャッチフレーズで会社を支配することに等しいからだ。そんなに容易なことではない。

とは言え、即実行できることもある。週明けに出勤したら、社員に問う質問を変えよう。誰でも毎日チームに何かを尋ねる。彼らはその質問を解釈して、それに一致した行動をとる。私たちの同僚の1人で、モニター デロイトのグローバル・マネージング・パートナーであるジョナサン・グッドマンの持論は、「変革を牽引するために経営幹部がもつ最も強力なツールは、質問だ」（注56）である。そう、質問は実に強力なツールである。質問を変えれば、結果も変わる。

私たち2人は著名な消費財メーカーにコンサルティング業務を行っていた。この企業は世界的な市場シェアで上位であったが、新たに商品とは離れた要素に焦点を絞ったイノベーションで市場ポジションを強化することにより、競合他社を退けようとしていた。イノベーション・チームは幾分かのコーチングを受けて、3つの実に面白味のあるコンセプトを開発した。それは商品をいじらずに、予定された市場ローンチを強化することができる可能性があった。ところが中間レビューにおいて、この部門の統括責任者は、商品自体に好ましい点を認め、興奮し、いくつかの質問をした。私たちがその結果をチームに報告すると、チームメンバーは、このコンセプトのうち、商品以外の要素はどうでもよいと思われた、という印象を受けたという。結果、彼らは優れたイノベーション成果の多くを捨ててしまうほどやる気を失ってしまったのだ。

私たちはこの部門長だけと会い、これは彼女の意図したことなのかと尋ねた。すると彼女は「とんでもない、とても期待しています」と答えた。そこで次の会議では、「商品に関する質問があっても、それは一切しないように。そして商品と関連のない要素に関する質問だけしてください」と助言した。彼女がそうすると、思った通りチームは再び活気づき、市場ローンチは成功した。ここで言いたいのは、経営幹部の質問には、意図してかどうかに関わらず、即座に従業員の行動を変えさせる力があることだ。

この事例は、質問の仕方が組織の行動にどれほどの影響を与えるかも示している。この職に就いてからずっと（さまざまな企業の）経営幹部の行動を目にし、自社内でもリーダーが直面する課題を経験した私たちは、必ずしも質問の枠組みが完全だとは限らないことを理解している。ミスコミュニケーションは、会議中にうっかり軽率な発言をしたり、Eメールに慌てて返信したりすることで起こる。これらは深刻な問題である。私たちも、不正確かつ不用意な言葉を選んだり、拙いコミュニケーションのせいでチームを誤った方向に押し出す間違いを犯した経験があることを認める。

好ましくない質問

以下に私たちが最もひどいと考える質問、よりよい質問の仕方、まったく尋ね方を変える方法を説明する。

「この投資のROIはどうですか?」

ＲＯＩ（投資収益率）を尋ねて、投資の財務メリットを理解しようとするのは目的として立派であるが、これは経営幹部がよくする質問の中で最も厄介なものの１つである。こう尋ねられると社員は即座に、検討するのではなく、判断を擁護する立場に立つ。そして組織の問題ではなく、自分たちに責任が押し付けられたと感じる。より優れた答えが浮かぶのではなく、追い込まれて逃げ場を失ったように感じる。たびたびこの質問をされるうちに、自分の立場を証明するために、思い付く限りの事実とデータを揃えて会議に臨むことを学ぶようになる。

パワーポイントのプレゼンテーションで事実やデータを浴びせかけられた経営幹部は、圧倒されてしまい、そもそものアイデアの論拠がまったく理解できない。質問のせいで自己防衛に回り、膨大な無駄を生む一方で、現実世界で（財務的な）結果を出すための実際の条件を明らかにできるのは稀だという悪循環に陥る。

この質問の仕方がよくない理由はほかにもある。まずこれは、リスクなしに、市場結果を正確に予測できることを暗に示している。たとえば、歴然たる実績のある商品を、これ

あなたが救命ボートのROIを実証しろと
言ったときのことを覚えていますか
TOM FISH BURNE

までの市場の特徴とあまり違わない別の地域の市場に導入する場合など、妥当に予測できることもある。しかしこうした状況はますます減っている。

予測の不正確さと、投資結果に固有の変動性をもっとうまく反映した質問方法は、「妥当に考えて我々の投資の成果にはどの程度の幅がありますか」と尋ねることである。この方が優れているのは、正確な成果を知ることはできないという事実を明確に認め、投資結果を左右する要素を詳しく説明する余地を回答者に与えるからである。

この質問が良くないほかの理由は、この質問により、議論が目前の投資判断から逸れることである。それでも組織はその投資を行うべきかを評価しようとするが、実際に話し合っているのは、投資が基準に合致するかどうかではなく、絶対的な結果についてである。すると、多くの「悩む必要もない」案件は過剰分析の対象となり、それゆえ組織の動きは鈍化する。より生産的な質問というのは、最低限の投資基準は満たされるか否か、そして投資が基準を満たすのに欠かせない重要な顧客行動あるいはコストの前提は何かを問う質問に集中することにより、「絶対的」と「結果」の両方に応えるものである。よりよい質問は、たとえば、「資本コストを達成するためには、何人の顧客が契約する必要があるか」である。「コストと顧客に関する想定のどのような組み合わせにおいて、投資ハードルを超すことができるか」というのもよいだろう。ここでは質問は、単一の定量的測定指標ではなく、市場で何ができるかに関して組織が行っている賭けの性格に向けられている。

最後に、この質問が好ましくない最大の理由は、もしこの投資をしなくても、世界は将来もこのまま続いていくことを暗に示していることだ。企業は中核事業の衰退を防ぐために多くの投資を行う。したがって不適切なベースラインを土台に「漸増的効果」を測定することは意味がない。

滑稽なほど典型的な例を挙げよう。今日自動車メーカーは自動運転車にどの程度投資するかを評価しなければならない。いつになったら自動運転車が路上で大多数を占めるようになるかはある程度不確実であるが、その日が来るか否かについての不確実性はほぼない。中核事業は引き続き成長すると想定したベースラインに対してこの投資を測定評価すると、中心概念を見失う。当然ながら企業は投資をしなければやがては競争力を失う（なぜなら競合他社が追い付き、新商品を開発するからだ）。タダで成長できる、将来も力は衰えないと思い込むのは間違っている。ところが、この投資は、現在行っていることをはるかに越えた独自の価値を形成することを暗に示している。よりよい質問の枠組みは、「中核事業の強化も含めて、この投資が価値を付加する可能性をあらゆる面から評価するにはどうしたらよいか」かもしれない。

「他社は以前これをやっていませんか？」

この質問はイノベーションを殺す。ところがこう尋ねる人をしょっちゅう目にする。この質問は多くの状況において、リスクを評価するものだ。市場に存在するリスクではなく、意思決定者が直面する個人的リスクである。すなわち「ミーインク（ジブン会社）」の自己保全に関する質問だ。この質問が実際尋ねているのは、「これをしたら私は愚かだと思われるか」「全社で許可を得るのはどのくらい大変か」である。その懸念はもっともだが、この質問をしなくても、組織は社内の力関係と文化を通じて対応できる。この質問は不要かつ無駄な作業を生み出す。また通常は、「会議の後で別個に話そう」という種の反応を導く。そう言われたら一巻の終わりである。

あるコンセプトが業界でどの程度目新しいのかを本当に理解しようとしているとしよう。他社がすでに「これをやっている」か否かはわかっている可能性が高い（少なくとも知っているべきだ）。そのため、他社がやっているかどうかについての曖昧な質問をするのではなく、「この業界初であることの長所と短所は何か」と聞いてみよう。これは、いち速い動きをとることで価値創造の可能性があることを認めつつ、その一方で、他社の間違いから学ぶことができないので、最善のデザインとならないマイナス面もあり得ることも認めている。また、会話を終わらせるのではなく、より生産的な話し合いも導く。

さらによい質問は、「この種の問題は世界のどこかで解決されているか」である。どこかで有意に実証されているものを取り入れ、自らの問題に適用する方法を探り当てることにより、業界における価値を創造することができる。これは、組織における創造性を解き放つ。またリスク回避型のチームメンバーに、未開拓分野を切り開くことに不安を覚えるなら、これはその種のものではないという安心感を与えることができる。一例を挙げると、染み抜き洗剤を作る会社が、たとえば軍隊（精密な砲兵射撃）や腫瘍学（正常な細胞を傷めずに癌細胞を殺す分子標的化学療法）など、精密に照準を合わせることが重要な他の分野から学べることは何だろうか。

最後に、実はこの質問により、「（個人的に）あまり関心のない、懐疑的でリスク回避型の上級経営陣をどうやったら説得できるか」と尋ねている場合もある。その場合は、「このアイデアの価値を他のチームのメンバーにどのように示すことができるか」「このアイデアに関して、価値を理解するのに役立つどんな事例を使えるだろうか」と質問することができる。格好の例はオンライン医療ケア予約サービスのZocdocが、医療業界に成功したスタートアップとして登場したときのことだ。もし、医療業務管理ソフトウエアの破壊について話したら、リスクが高いと思われただろう。しかし、「それは医者を予約するためのオープンテーブルです」と説明すれば、経営陣は満足するだろう。

「どうしたらそれがうまく行くと証明できますか？」

私たちの同僚の1人で、デロイトのイノベーション専門コンサルティング部隊のDoblinの代表で、世界的ベストセラーとなった*The Ten Types of Innovation* 邦訳：『ビジネスモデル・イノベーション　ブレークスルーを起こすフレームワーク10』（朝日新聞出版）の共同執筆者でもあるラリー・キーリーの持論は、「1つのセンテンスに『それを』と『証明』という言葉があったら、イノベーションを殺している」である。なぜ殺すことになるのか。何かが役立つことを決定的に証明する唯一の方法は、市場に出すことだからだ。それゆえイノベーションを望むなら、そしてイノベーションをまだ存在していないものと定義するなら、市場以外に証明できるところはない。この質問が出ると、担当チームは一様に慌てて証明したという幻想を作り上げようとし、分析がいっぱい詰まった大量のスライドが出来上がるが、どれも決定的な証拠ではない。この作業は本来不毛であるため、この質問から、イノベーションは予測が難しいことが示されて、さらにいっそうの証拠を求めることになる（注57）。

証拠を求めてはならない。上級幹部は、辞書から「証拠」という言葉を消すことだ。事業には証拠というものはない。特にきわめて不確実な世界ではそれが言える。「いや、証拠など出てこないことはわかっている。本当は証拠を頼んでいるわけではない。もっと情報が欲しいだけだ」と考えているなら、チームにはその意図は伝わらないことを認識すべきだ。彼らは上司の前で恥をかきたくないため、証拠を求められたのだと解釈し、動かぬ証拠を集めて来ようとする。

もしさらなる情報を求めているなら、単に「これについてもっと学ぶにはどうしたらよいか」と聞くことだ。これで幹部も探索している状態であることが明らかになり、また、その取り組みの一部であるという位置づけができる。すべてを考え出す責任をチームメンバーに押し付けてはならない（実際の作業をするのは彼らではあるが）。また不確実性を認識し、意思決定の土台となる情報に価値を置く。意思決定自体に価値を置くのはまだ先のことである。

現在のリスクと報酬のバランスに関する自らの不安を気にしているなら、「どうすれば素早く小さな動きがとれるだろうか」と尋ねよう。チームに再びさらなる分析をさせる代わりに、行動を促すのだ。同時に、実用最小限のさらに小さな動きを探ることにより、リスクと報酬のバランスの問題にも対応している。何らかの形で直接消費者を対象に、しかも迅速にテストするようチームを促すことにより、分析麻痺症候群を避けることができる。

好ましい質問

以下は、私たちのネットワークで集められた、お勧めの質問である（読者が他に好ましいと考える質問があればオンラインでこちらにお寄せください。#DETONATEthebook.)

「別のやり方でこの問題に取り組むとしたら、どんなものが考えられますか?」

この質問が好ましいのは、いくつものメリットがあるからだ。重要な点は、チームが提案する可能性のある初期のソリューション、あるいは何年も提案され続けて依然として優れているかもしれないアイデアを即座に退けてはいないことだ。しかしどうしたら問題を別の方法で解決できるかを検討させることにより、解決しようとしている問題は一体何であるのかを再び明確化することを強いる。これは常識に挑むために重要である。なぜなら、状況の掌握がどんどん難しくなる状況で、マネジャーにコントロールしていると錯覚させるために存在するプロセスが多すぎるからだ。さらに問題が明確になれば、明確なソリューションを構築するきっかけとなる。何を解決しようとしているのかわからなくなったら、振り出しに戻る必要がある。問題を解決するいくつかの方法が出てきたら、明確になったことがわかる。この質問を高く評価するのは、拡散的思考を強いるからである。

「これを好むのはどんな顧客ですか? 嫌うのはどんな顧客ですか?」

顧客のニーズについて考えざるを得なくなる質問は、どれも好ましい。多くの組織は社内志向の犠牲になる。あるものが顧客ニーズを解決するのはなぜか、と考えさせるきっかけとなる質問はよい質問だ。「なぜ顧客はこれを好むか」という質問を好ましくない質問のリストには加えなかったのは、その理由からだ。とはいえ、「どの」顧客なのかを尋ねるこの構造の方が正確で好ましい。

それはなぜかと言えば、どの顧客グループも他のグループとは異なるからである。ニーズ、態度、そしてお察しのとおり行動が非常に異なる顧客の集団は常に存在する。顧客のどのグループがアイデアを好むかを正確に把握することは、非常に重要である。何かを好む集団を特定できたら、市場のどこで勝てるかをよりよく理解でき、事業機会の経済的な見通しをよりよく評価することができる。

なぜ顧客はこれを嫌うのか。真剣にある顧客集団に何かを好きにさせようとしているなら、別の集団にそれを嫌わせている可能性が高い。しかしそれでよいのだ。本当の意味での二者択一をしているのであり、特定の顧客集団を勝ち取ろうと一生懸命に努力しているということだ。世界中で一番人気があったブランドについて考えてみよう。そのほとんどについて、絶対それには手を出さない顧客グループがあった。選択を嫌う顧客集団が出てこなければ、企業が別の集団にそれを好ませるほど十分に努力していない可能性が高い。

「どんな行動を変えようとしていますか？」

もうすでに、なぜこの質問が好ましいかはおわかりだろう。これは相手の注意を、行動の因果がある場所に集中させる。見込み客の行動であれ、直属の部下の行動であれ、自らの行動の目的を知ることは常に重要である。

「どうすればもっと素早く動けますか？　今日、何かを実行しなければならないとしたら、何をしますか？」

この質問が好ましいのは、遠回りは止めて、本当に理解する必要のあることにチームを集中させるからである。「あるとよい（nice-to-have）」と「あらねばならない（need-to-have）」を区別し、実用最小限の動き（ＭＶＭ）は何かに焦点を絞らせる。また、チームは今日、何ができるかに目を向けると、「その考えは悪くないから、とにかくやろう」と考えることが多いからだ。

我々が牽引したいのは、賢明で焦点を絞った動きであることを忘れてはならない。

第13章 実用最小限の考察

本書の執筆中、いわば丸めてゴミ箱に捨てたメモ書きのようなものが頭の中にいっぱいたまった。主な作業が完了したいま、仕事場を片付けるためにゴミ箱の中身を空にする代わりに、数枚の丸めた紙を伸ばして公表し、コメントを求めたいと思う。どのような感想も大歓迎である。特にこれらのアイデアを次のレベルまで高めてくれたものや、産業界の継続的な変化に伴って出てきた新しいアイデアをご紹介いただければ、なおさらありがたい。本書の材料を肉付けし、進化させるための場所をいくつか設けた。さまざまなソーシャルメディアでは、#DETONATEthebookを使い、要請が高まれば、対話を継続する恒久的な方法を導入する意向である。

では、本文に組み込むには至らなかったがお互いに関連する3つの考察をしよう。

長期的存続はさほど重要ではないかもしれない

私たちがコンサルティングを長く行ったどのクライアントも、有意義な成長を求める戦略に従っている。ほとんどの企業は成長しないことは死ぬことであるかのように振る舞う。新たな地域やカテゴリーに参入して売上高を伸ばすにせよ、セクターの不振に伴いコスト削減をするにせよ、企業が自社を成功と見なすためにはどこかが上昇基調でなければならない。実は本書のイラストの多くは、この基本的な考え方をネタにしている。

多くの場合、成長はよいことだ。収益性が高まるように管理されれば、再投資と継続的な発展の原資となる。しかし成長は意図した目標、すなわち経済価値の創造に至るための1つの手段に過ぎない。大事な疑問は、誰のための経済価値か、である。永続（あるいは少なくとも長期的存続）する環境であれば、経済的価値は企業の株主のために生むものであり、顧客のためにも価値を創造するものだと言うのは簡単である。またトリプル・ボトムライン（従来の財務の損益に加えて、社会および環境の面からみた企業評価）の最適化が求められる世界では、社会および環境へのインパクトを牽引するものであり、それができるのであれば、誰もが満足である。成長はその最適化の目的関数になる。

売上高の伸び自体は、事業の内在価値は生み出さない。1つには、それがタダでできるのは稀だからだ。成長は、狙っている新規顧客のニーズに対応する新たなケイパビリティへの投資を必要とする。その新規ケイパビリティを見出すのにかかるコストが、それが創造する可能性のある事業機会の価値を上回る状況が多い。長期的に、成長を達成するためのコストが高すぎて利益が出ないのであれば、その事業の所有者にとっての価値を創造しない。企業は、成長はどこか別のところで活用しうる規模とプラットフォームを生み出すと指摘されることが多いが、それは嘘である。ところがそれを前提としてしまい、その後、事業の大前提となる経済性に照らしてその価値をテストしない企業があまりに多すぎる。

重要な点は、成長は「必須」ではなく「選択」であることだ。またそれは、経済的価値を現在の株主のために創出しなければならないという前提を放棄すると、さらに不確実な選択となる。現在の企業の所有者への支払いを最適化する方法を探り出す代わりに、エコシステム全体の全プレーヤー、すなわち株主、社員、顧客、サプライヤー、競合他社などへの総合的な経済価値の創造に注意を払ったとしたらどうなるだろうか。当然、そのためには、その最適化された価値創造による「公正な取り分」が株主たちの手に渡る確実な方法を決めるなど、複雑な動きが必要となる。しかし、それはどの時点でも、さらに多くの選択肢を考慮することになる可能性もある。

米国の医療は、患者の死期をほんのわずか延ばすために過大な額を費やすが、それと同じで、成長（すなわち延命）を選択ではなく必須のものとして取り組むと多大な経済価値を破壊する可能性がある。もし成長を選ぶなら、それに代わる正統なものは何か。一言で言えば、死である（注58）。

これは既存組織にとって、どのカテゴリーでも売上高の伸びが先細りになり始めた状況で、新分野に進出して多角化を図る衝動を抑えることを意味する。その代わりに既存事業からより多くの価値を導くことに焦点を絞り、同じ顧客グループからより多くの利益を生むためにコスト削減をする方法を常に探り出さなければならない。しかしコスト削減は本質的に暫定的な動きである。もしその方向に向かい、収益を増やす新たな収入源が魔法のように現れなかった場合、引き続き価値を引き出すことがあまりに困難になった時点で事業を整理する心づもりをしておく必要がある。その選択を阻むあらゆる自然な障壁を考えると、これは好まれない提案であることはわかっている。しかもキャリアのほとんどをイノベーションの価値を称えるのに費やした筆者2人がこう提案するのは、あまりに誠実さに欠けるように聞こえるかもしれない。単純に既存事業からさらなる価値を絞り出すことは、意味のあることかもしれない。私たちに見極めがつかなかったこと、それゆえこのアイデアがゴミ箱に入ったのは、イノベーションを行うかそれとも手仕舞いかを、その地点に達したその瞬間にどうやって決められるか、である。ぜひ、これに関するご意見をお寄せいただきたい。

これより好ましいコンセプト、特に生産的であり続けるためにレガシー資産を心配する必要のない新興企業にとって好ましいのは、一種の「ポップアップ企業」の線を狙い、仮設店舗のマインドセットと概念を、企業規模に拡大することである。明確な市場の流れを活かして新規ビジネスを興し、そのニーズが消えたときには会社をたたむ、というやり方だ。それ自体は会社ではないが、アマゾンのDash Button（ダッシュボタン）が格好の例である。家庭内に置かれ、WiFi経由でネットに接続するダッシュボタンは、商品の再注文を簡素化する優れた方法だ。ウェブサイトやスマホを使うよりはるかに簡単である。自動フルフィルメントやEchoなどの音声作動式の装置を使った注文など、さらに手間が省ける他の方法が出現すると、ダッシュボタンへの顧客ニーズは減る可能性が高い。それでもダッシュボタンの方を好む消費者がいることは間違いない。しかしこの特定の商品の空間（市場規模）は、他の選択肢が出てくるにつれてやがて縮小するだろう。

最初からこのマインドセットで事業を構築したらどうなるかを想像してみよう。顧客にとって特別なものを作り出すために全資源を投じることができ、その事業の隣接分野を探して多額の管理費を加える義務は避けるのだ。その代わりに、全エネルギーを顧客ニーズを満たすことに捧げることができる。そして理論的には、そうしながら最大の経済価値を解き放つことができる。その後、市場機会の魅力が褪せたら、徐々に事業を清算する。現在のテクノロジーの発展がこのままのペースで続く、あるいは加速すると信じるならば、どのような商品やサービスであれ、その重要性はテクノロジー発展のペースと同じ率で減少していくことがわかるだろう。したがって多くの企業は基本戦略の選択に迫られる。テクノロジーの発展に合わせて投資するか、それとも商品やサービスがやがては重要性を失うことを受け入れて、適切な時点で損切りをするかである。

長期的存続は意味がないとしたら、現在のバリュエーション手法は用済みか

世界中のビジネススクールの学生は、企業価値を算定する方法をいくつも学ぶ。最も標準的なのは、ディスカウント・キャッシュフロー法である。この手法は簡単に言うと、企

業のフリー・キャッシュフローを定常状態に達するまでの一定の年数の間（たとえば5年～10年）予測し、「残存価値」すなわち予測期間の終了時点における価値を出す。このキャッシュフローと残存価値を、加重平均資本コストを割引率として使い、現在価値を出す。加重平均資本コストは、会社の負債コスト、株主資本コスト、税率、市場における相対リスク、資本構造を評価して出す。

ほとんどの場合、企業価値の大部分は残存価値にある。では、残存価値とは何か。ほとんどの場合、学生は企業が永久に続くと想定し、永続キャッシュフローの公式（FCF/WACC-g）を使って残存価値を算定することを学ぶ。あくまで私見であるが、他のほとんどの価値算定方法は定率成長配当割引モデルにせよ、実質的にリスクと将来の成長率を要素として、利益、売上、その他の財務およびオペレーション指標に適用する「マルチプル」のバリュエーションにせよ、基本的に永続性の算定（perpetuity calculation）から派生したものである。

全手法とも基本的に、企業が永遠に続くことを前提としている。それがまさに永続という考え方である。しかし端的に言って、こう想定するのは、ますます間違ってきている。S&P500企業の売上高は徐々に減少してきている。過去は将来の予想材料とはならないが、どれほど努力しても企業は永久には続かないことは誰の目にも自明なはずである。

バリュエーション純粋主義者であれば、企業が存在しなくなる可能性は、資本コストの想定に織り込み済みだと言うだろう。特に、投資家が適用するリスクプレミアムである。私たちは、論理的にはその点は譲る。しかしバリュエーションにおけるリスクプレミアムは、市場における株価の変動性の関数であり、将来、企業が存在するか否かのリスクの本質的な評価ではない。数年先も存続している確率について明確な想定を行ったほうがよいのだろうか。私たちはそうだと思う。

一般的な内在価値の評価ツールに恐らく欠陥があるからというだけで、必ずしも資本市場が全体的に過大評価されていることにはならない。市場では、株価の短期変動で利ざやを狙う投資家が支払う意向のある株価で取引が成立する。価格は行動的測定指標であり、分析的指標ではない。したがってバリュエーション手法には問題があると指摘しても、市場は実質的に「株価は適正だ。しかしそれ（手法の欠点）を埋め合わせるために他の前提条件を調整しなければならないだけだ」と言うかもしれない。しかしそれを聞くと、何か見失っていないかという疑問がわく。

今後、上場企業である理由は何か

企業は永続せず、バリュエーション手法は機能していないと認識すると、上場企業という観念がかなり不安定な土台に立っていることが示される。しかし基本的には、どんな時点であれ、可能な選択肢の活用を逸する原因となる多くの障壁に最も顕著にぶつかるのは上場企業においてである。その障壁とは、投資家の株式の保有期間が短くなる一方であることや、短期的業績に報いる、もしくは二元的な目標や期日が設定された経営インセンティブ、戦略を世間一般に公表することを強いる上場企業の報告義務、である。これらすべては、短期的に市場で有効に競争することにも、長期的に内在価値を創造することにも逆効果である。

「株式を上場する」ことは、創業者と初期の投資家にとって、永続するイメージをもつ何ものかを構築した自らの努力を収益化するのに役立つのは明らかだ。しかし、それ以外の点で、株式市場に上場するほうがよいと企業が考えるのはなぜか、私たちにはわからない。

今後50年間で、永続性を可能にするために非公開とすることを決めたり、まったく上場しないことを選ぶ新興企業が増えて、上場企業の数は減るのではないか。もしかすると、何らかの会社組織のイノベーションが起こり、現在上場企業が抱える課題をもたない新種の公開企業が登場するかもしれない。あるいは将来、この時代を振り返り、なぜ一体株式上場が名案だと思ったのかと不思議がるかもしれない。読者はどう思われるだろうか。

その他

当然ながら胎芽に至る前の受精卵の段階の考えもいくつか残った。Eメール、会議に浸透したスライドの蔓延、人事考査などを*Detonate*することも検討したが、結局、退けた。どのようにしたら組織の透明性、反復思考、組織の集団的知性の活用を高めることができるかにも考えを巡らせた。しかし究極的にはこれらのアイデアは別の機会に残すか、オンラインで一緒に探求するのが一番よい。しかし最後にこう尋ねたい。あなただったら何を*Detonate*しますか、と。

残念だけど、すべてに答えられるグルは
見当たらないよ。
自分で答えを見つけるしかないんだよ。
TOM FISHBURNE

#DETONATEthebookを使ってオンラインでの対話にご参加いただきたい。やがてこれらを含むトピックについての活気あるディベートが展開することを保証する。

読者に望む行動

私たちが本書で狙ったのは、事業をどのように運営するかの処方箋を出すことではなかった。私たちは2人とも、業界を問わず、どの企業の状況も、他の企業とは異なると確信している。ある組織でうまく行ったプラクティスは、それをどう適用するかを把握せずに他の組織にうまく移植できるとは限らない。私たちの目標は、成功を保証することではなく、適用すべき具体的な原則を提供することだった。ビリー・ビーンとオークランド・アスレチックスの初期の成功を賢明に真似してアナリティックスを導入した球団の経験と同じで、最善の考え方に遅れをとらないでいるだけでは、勝者になるのには不十分である。多くの球団がアナリティックスを使ったが、全員が勝ったわけではなかった。なぜだろうか。誰もが同じものを採用すると、勝ち組と負け組を究極的に分けていた要素が消えてしまうからだ。

本書で取り上げたさまざまな原則を適用すれば、平均的な企業よりも勝つチャンスは高まる。多くの場合、ほとんどの企業は、自社より賢明なライバル会社のプラクティスを、負けやすくなるにもかかわらず、依然として適用している。*Detonate* の原則の適用がフィットする会社は、他社に先駆けるより、後手に回りがちな会社だと私たちは見ている。しかし将来、他社がこの原則を採用しないと仮定することはできないため、イノベーションを起こし、新たなことを試し続けなければならない。

ケビン・ケリーの真似をすることをお勧めしたい。彼は無名だが、最も成功したフットボールのコーチだ。フットボールというのはアメフトのことなので、世界のほとんどの人は関心がない分野かもしれない。しかし、具体的な点は無理でも、この話の大まかなテーマは誰からも共感してもらえると思う。

ケリーは2003年にアーカンソー州のプラスキー・アカデミーのフットボールのヘッドコーチになった。その前は1997年から2002年までこの高校のチームのオフェンス・コーディネーターだった。プランスキー・アカデミーは何年間かはそこそこの好成績であったが、州の大会で準決勝より先に勝ち進んだことはなかった。

ケリーは、州の大会で優勝するのが目標だと宣言した。並の成績は受け入れられなかった。彼は、ほかのチームと同じ戦略を使ったままで優れた結果が期待できる可能性は低いと判断した。そこでアナリティックスを使って、資金が潤沢で強いチームをもつ他校に対抗できる競争力は何かを探り出した。

調べるうちにカリフォルニア大学バークレー校の経済学者であるデビッド・ローマーの論文に出会った。ローマーの研究は、組織、具体的にはNFLフランチャイズ球団において、利益を最大化する一連の合理的な活動をベストプラクティスがどの程度妨げているかを把握することから始まった。この主題は私たちにとって身近で重要だ。論文は、アメフトにおけるポゼッション（オフェンスチームがボールを保有する状態）の重要性を強調した。それは複雑なことではない。攻撃にほとんどの時間を費やす球団が勝つ確率は最も高い。ということは、野球でバントをしないことのように、通常見下される一連の動きを採るべきだ、ということだった（注59）。

この研究では、フォース（第4）ダウンでも「攻めに出る」などオーソドックスでない手法が提案されていた。攻撃側がフォースダウンまでに一定のヤード数ボールを動かせなかった場合、攻守交替になる 。ボールは相手チームに取られる。パントという選択肢もある。それは第4ダウンで攻守交替となったときに、ボールを思い切り遠くに蹴ることである。ほとんどのチームはパントして相手のテリトリーの深くにボールが入り込むことを選ぶ。「攻めに出る」すなわちファーストダウン獲得（4回以内の攻撃でヤード数進むこと）を達成しようとすると、プラスキーがフィールドで相手側に攻め込み続けるチャンスは高くなった。しかしこの策略が失敗すると、敵は大いに有利になる。そのため一般的に、その手法は使われなかった。なぜか。アメフトのコーチは、それがルールであるかのように扱ったからだ。

しかしケリーの考え方は違った。プラスキー・チームは、ほかのどのチームも従っている「ルール」を破り始めた。状況がどうであれ、フォースダウンで攻めに出るようになった。キックオフでポゼッションを維持(すなわちボールを確保)する原則を適用した。キックオフのたびに、相手チームに向かってボールをキックする代わりに、オンサイド・キック（ポゼッションを維持するチャンスに絞った短く、リスキーなキック）を試みた。例外は得点が21点以上勝っている場合のみで、さらに点を挙げないことで相手を尊重するためだった。ケリーにとってオンサイド・キックでボールを再び確保するチャンスは、相手チームに有利なポジションを与えるリスクよりも重要だった。

プラスキーは戦略思想を変えてから、州大会で7回優勝し、最も直近では2017年に優勝したが、これは4年連続であった。2016年に『USAトゥデイ』紙は高校アメフトの年間最高コーチとしてケリーに脚光を当てた。重要なのは、成功を享受しつつもケリーは新しいことを試み続けたことである。最近はラテラルパス（横と後ろへのパス）と従来とは異なるフォーメーションを組み合わせたプレイを探っている。

読者はアメフトの一部始終を知る必要はないであろう。しかし、ほかの誰もがやっていることに固執するのではなく、ケリーのように自らの戦略を追い求めるべきだと思う。これが本書のメッセージの神髄である。

プロセスとシステムが硬直化し、常識となったものは、高校のアメフトやプロ野球にも企業経営にも蔓延している。ケビン・ケリーのような人が草分けとなり、いかに成功することが可能かを示す一方で、戦略のいくつかの要素すら試すのに失敗する状況にはいつも驚かされる。たとえば決勝戦に進めなかった中庸なチームのなかで、実験してみようという者はいないのか。どんなリスクがあるのか。何が障壁になっているのか。

私たちが本書で目指すのは、読者がベストプラクティスの拘束を越えて将来を見据え、組織内での対話の口火を切るのに役立つことである。あなたが担当の経営幹部ではない場合は、上司である幹部の意図を探るような質問をすることを検討してはいかがだろう。あなたが幹部である場合は、硬直化の兆候は見られないか組織を見渡そう。「いつもこうしてきたのだから」というような答えを耳にしたら、その問題に焦点をピッタリと絞り、それよりよい方法を組織に要求するのだ。

さあ、導火線に火をつけよう。

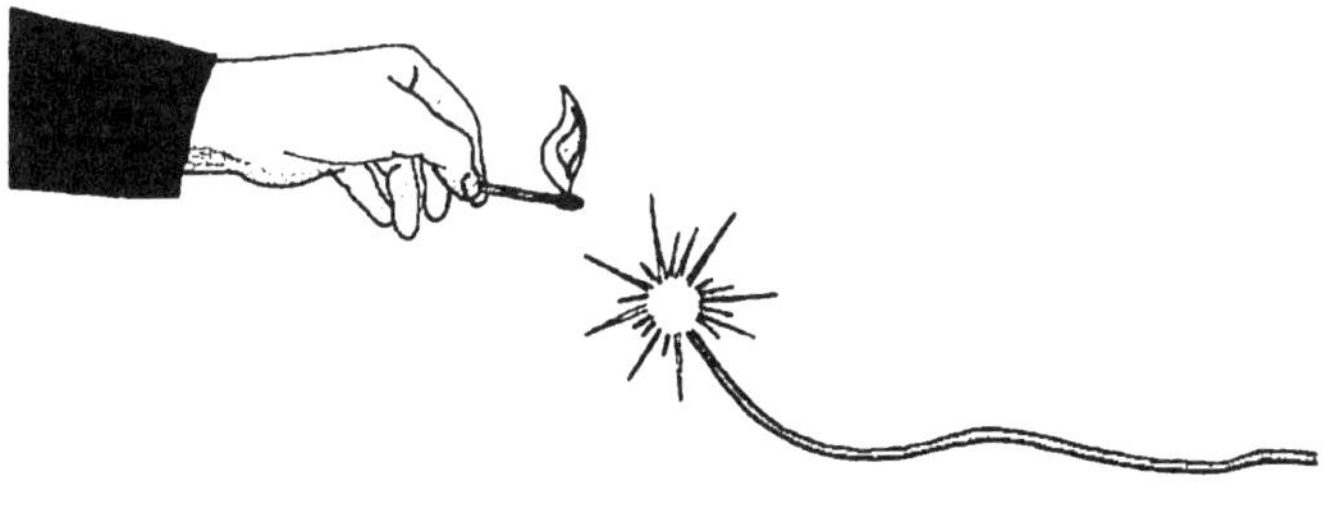

謝辞

本の執筆は、いわゆる「実地訓練」である。何をしようとしているかはある程度まで意識しているが、書き終わるまで本当にわかることはない。「本を執筆しませんか」から始まり、脱稿し、本が出来上がるまで、多くの助けと支援が欠かせない。本書は、多くの方々の支援がなければ少なくともこの時点でいまの形態で読者の手に収まることはあり得なかった。

何をおいても本書を形にするためにたゆまぬ努力をしてくれた4人、デロイトの我々のコアチームのメンバーに感謝したい。メーガン・スラムは、最初から最後までこのプロセスを管理すべく何でもしてくれた。私たちが必要とする役目はすべて果たしてくれた。支援と励まし、根気強さに深く感謝する。マイケル・アンダーソンとディラン・ハネスは、私たちがアイデアを構築あるいは試験するためにいくら突飛なことを頼んでも、請け負ってくれた。本書がよりよいものになったのは、彼らが自らの逸話や事例でアイデアに命を与えてくれたからだ。ジェニファー・ルードは、世界が本書を知り、世界中の人に読んでいただくという任務に限りないエネルギーを注いでくれた。それ故に、優しいが容赦ない現場監督でもあった。４人とも全過程で尽きることのない熱意を発揮してくれた。そして人は情熱があれば力強く伸びることを身をもって示してくれた。

トム・フィッシュボーンと彼の多様な面でのパートナーであるタリー・フィッシュボーンは、本書の全イラストの制作者である。彼らのイラストは数千もの言葉の代わりとなった。サラ・タフ・ダンはプロの作家であり、私たちの草稿を編集し、はるかに優れたものにしてくれた。

私たちは数年にわたり多くの方々から学ぶ光栄にも浴した。長年にわたり影響を受けたすべての方々に感謝することはできないが、アイデアを頻繁に交換し、話し合った方々には特に恩義を感じている。本書の中身の多くはその影響の現れであり、私たちの一方あるいは両方にインパクトを与えてくれた方に感謝申し上げる。ボブ・ルーリーは何年にもわたりコーチングをしてくれた。また入社第1日目から行動変容の重要性を私たちの双方に教えてくれた。本書の多くのアイデアはロジャー・マーティンとの対話、そしてもちろん戦略もそうであるが、設計および問題の解決方法に関する彼の教えとメンタリングの直接の結果である。何年もの間、私たちの答えが脆弱であると、そのたびに彼は疑問を呈した。そ私たちは、「もうお仕舞いにしませんか」と言いたくなるくらいに、これを活用した。それでも彼は、「いいや、まだ終わってないよ」と言うかもしれない。しかし私たちの思想と本書は彼のメンターシップのおかげで改善した。バンシー・ナジーには彼のリーダーシップと友情に感謝したい。そして彼のアイデアは私たちを本書の発行へと導いてくれた。最後になったが、ジョナサン・グッドマンは鋭い批判や激励など、さまざまな方法で本書の実現を可能にしてくれた。特に、なすべき質問に関する章は、何年にもわたる彼の教えに基づいている。

デロイトの同僚の多くも、励ましと支援でこれを可能にしてくれた。キャシー・エンゲルバート、ジャネット・フティ、アンバー・チャウダリー、エイミー・ファーン、アンディ・メイン、トム・マリオット、エバン・ホフマン、クリス・ノエル、リサ・イリフ、メレディス・シュー、キャスリン・レビン、キャスリン・フリーマン・ジワニ、ローレン・ザルツマン、ターナー・ローチ、シャロン・ウー、トニー・スコールズは、本書の実現を支えてくれた。

そして最後に、各々の配偶者マーサ・タフとミシェル・ダンスタンに、そして家族に感謝したい。このプロジェクトのために、私生活で通常なら一緒に過ごす時間が犠牲になっても忍耐強く接してくれた。理解そして何より無条件の支援と愛情をありがとう。

この数値は1973年以降一定している。肺癌患者が死ぬ前の1年の治療費は平均して94,000ドルである(http://www.newsweek.com/shoulddoctors-worry-about-cost-extending-life-395580)。これは確かに複雑な主題であり、相当な議論を巻き起こしてきた。私たちは、末期疾患を巡るきわめて個人的な判断にはコメントしない。むしろ言いたいのは企業の死をどう思い、どう感じるかを検討するときだ、ということである。アトゥール・ガワンデ博士が、2010年8月2日付け『ザ・ニューヨーカー』誌に掲載されたエッセイ "Letting Go" (https://www.newyorker.com/magazine/2010/08/02/letting-go-2) で語っているように、「最後の最後まで戦うだけだという場合に痛手は最も大きい」。

59. David Romer, "Do Firms Maximize? Evidence from Professional Football," Journal of Political Economy 114, no.2 (2006): 340-365.

It Didn't Have To," Forbes, September 5, 2014, https://www.forbes.com/sites/gregsatell/2014/09/05/a-look-back-at-why-blockbuster-really-failed-and-why-it-didnt-have-to/#3d4030031d64.

51. Deloitte, "Scaling Edges," https://www2.deloitte.corn/us/en/pages/center-for-the-edge/articles/scaling-edges-methodology-to-create-growth.html.

52. John H. Fleming and James K. Harker, "The Next Discipline: Applying Behavioral Economics to Drive Growth and Profitability", Gallup Inc, 2013, http://www.gallup.com/file/services/178028/The%20Next%20Discipline%20-%20Applied%20Behavioral%20Economics.pdf

53. RBC Capital (http://www.businessinsider.com/amazon-presentation-by-rbc-capital-mark-mahaney-2016-12#-10).

54. Peter Cohan, "How P&G Brought Febreze Back to Life," Telegram, February 26, 2012, http://www.telegram.com/article/20120226/COLUMN70/102269984.

55. Richard H. Thaler and Shlomo Benartzi. "Save More Tomorrow: Using Behavioral Economics to Increase Employee Saving," Journal of Policy Economy, https://www.journals.uchicago.edu/doi/pdf/10.1086/380085

56. ジョナサンは以下でこのアイデアをさらに掘り下げている。"Injecting Courage into Strategy" in the Wall Street Journal, March 1, 2017, http://deloitte.wsj.com/riskandcompliance/2017/03/01/injecting-courage-into-strategy/.

57. Helen Walters, Ryan Pikkel, and Brian Quinn, The Ten Types of Innovation: The Discipline of Building Break Throughs (Hoboken, NJ: Wiley, 2013).

58. 化学療法による癌患者の延命期間は平均 1.7 カ月である。

announces-columbus-oh-winner-40-million.

44. Richard Farson and Ralph Keyes, "The Failure-Tolerant Leader," Harvard Business Review, August 2002, https:/ / hbr.org/2002/08/the-failure-tolerant-leader.（邦訳：「失敗に寛容な組織を作る　エンゲージメント・リーダーの責任」DIAMONDハーバード・ビジネス・レビュー、2003年12月号）

45. Cliff Kuang, "Disney's $1 Billion Bet on a Magical Wristband," Wired, March 10,2015, https://www.wired.com/2015/03/disney-magicband/

46. Eyal Lanxner, "The Amazon Buy Box: How It Works for Sellers, and Why It's So Important," https://www.bigcommerce.com/blog/win-amazon- buy- box/.

47. "Nine Trends in U.S. Media Consumption: in Charts," Media Briefing, https:/ /www. themediabriefing.com/article/nine-trends-in-us-media-consumption-in-charts; "Average Daily Media use
in the United States from 2012 to 2018, by Device (in Minutes)," Statista, https://www.statista.com/statistics/270781/ average-daily-media-use-in-the-us.

48. Lisa A. Robinson, W. Kip Viscusi, and Richard Zeckhauser, "Consumer Warning Labels Aren't Working," Harvard Business Review, November 30,2016, https://hbr.org/2016/11/consumer-warning-labels-arent-working.

49. Jon Cohen, "New Evidence That Dengue Antibodies Trigger Life-Threatening Infections," Science, November 2, 2 017, http://www.sciencemag.org/news/2017/11/dengue- antibodies-might-trigger-life- threatening-infections.

50. Hailey Eber, "The Rise and Fall of Blockbuster Video," The Week, September 24, 2010, http://theweek.com/articles/490746/rise-fall-blockbuster-video; Greg Satell, "A Look Back at Why Blockbuster Really Failed and Why

36. John Beshears, James J. Choi, David Laibson, and Brigitte C. Madrian, "How Are Preferences Revealed?" Harvard Business School and NBER White Paper, April 4, 2008, http://www.hbs.edu/faculty/Publication% 20Files/how are_preferences_revealed_79cba9af-f5ab-4ca4-b62b-6885d6e1c016.pdf.

37. Iyengar, S. S., and Lepper, M. R., "When choice is demotivating: Can one desire too much of a good thing?" Journal of Personality and Social Psychology 79, no. 6 (2000): 995-1006.

38. Timothy Wilson, Strangers to Ourselves: Discovering the Adaptive Unconscious (Cambridge: Belknap Press of Harvard University Press, 2002).

39. Paul Mercier, "Cultural Anthropology," Encyclopedia Britannica, https://www.britannica.com/science/cultural-anthropology.

40. "Global Revenue of Market Research from 2008 to 2016 (in Billion U.S. Dollars)," Statista, https://www.statista.com/statistics/242477/global-revenue-of-market-research-companies/.

41. COSO (Committee for Sponsoring Organizations of the Treadway Commission＝トレッドウェイ委員会支援組織委員会), "Enterprise Risk Management: Integrating with Strategy and Performance," June 2017.

42. 最初は「フェーズゲート」と呼ばれたプラクティスは、現在「ステージゲート」として知られている。本書でも「ステージゲート」を使っている。https://www.stage-gate.com/aboutus_founders.php.

43. "Obama Administration Announces Columbus, OH Winner of the $40 Million Smart City Challenge to Pioneer the Future of Transportation," Press Release, https://obamawhitehouse.archives.gov/the-press-office/2016/06/23/fact-sheet-obama-administration-

Account for Investor Biases (Hoboken, NJ: Wiley, 2012).

26. Roger Martin, The Design of Business (Boston: Harvard Business Review Press, 2009).

27. AdAge Datacenter, 100 Leading National Advertisers (2011).

28. A. G. Lafley and Roger Martin, Playing to Win: How Strategy Really Works (Boston: Harvard Business Review Press, 2013).（邦訳『P&G 式「勝つために戦う」戦略』朝日新聞出版、2013 年）

29. Joana F. Cardoso and Michael R. Emes, "The Use and Value of Scenario Planning," Modern Management Science & Engineering 2, no. 1 (2014), www.scholink.org/ojs/index.php/mmse

30. Paul J. H. Shoemaker, "Scenario Planning: A Tool for Strategic Thinking," Sloan Management Review, Winter 1995, http://sloanreview.rnit.edu/article/scenario-planning-a-tool-for-strategic-thinking/.

31. GBN はモニター デロイト（当社の前身）に買収され、その後デロイトにより買収された。

32. Youngme Moon, Different: Escaping the Competitive Herd (New York: Crown Business, 2010).

33. "The Great Analytics Rankings," ESPN, http://www.espn.com/espn/feature/story/_/id/12331388/the-great-analytics-rankings.

34. "Major League Baseball Team Win Totals," Baseball Reference, https://www.baseball-reference.com/leagues/MLB/index.shtml.

35. Michael Shrage, "Tesco's Downfall Is a Warning to Data-Driven Retailers," Harvard Business Review, October 28, 2014, https://hbr.org/2014/10/tescos-downfall-is-a-warning-to-data-driven-retailers.

18. Jeff Dunn, "It's Now Been 21 Straight Quarters of Declining Revenue for Tech Giant IBM," Business Insider, July 19, 2017, http:/ /www.businessinsider.com/ibm-earnings-21-straight-quarters-revenue-growth-decline-chart-20 17- 7.

19. Make and Intel, "Maker Market Survey: An In-Depth Profile of Makers at the Forefront of Hardware Innovation," 2014; Mark Hatch, The Maker Movement Manifesto (New York: McGraw-Hill, 2014).（邦訳『Makerムーブメント宣言 - 草の根からイノベーションを生む9つのルール』オライリージャパン、2014年）

20. Deloitte, "The Maker Movement," https://www2.deloitte.com/us/en/pages/center-for-the-edge/topics/maker-movement.htrnl.

21. 2015年3月17日に旧モニター デロイトのニューヨーク事務所でマンハッタンの街並みを見下ろしつつ同僚のロジャー・マーティンとジェニファー・リールと刺激的な議論を交わしたことがこの知見のきっかけとなった。

22. David Kesmodel, "Meet the Father of Zero-Based Budgeting," Wall Street Journal, March 26, 2015, https://www.wsj.com/articles/meet-the-father-of-zero-based-budgeting-1427415 074.

23. Mark H. Freeston, Josee Rhéaume, Hélène Letarte, Michel J. Dugas, and Robert Ladouceur, "Why Do People Worry?," Personality and Individual Differences 17, no. 6 (December 1994):791-802.

24. Dan W. Grupe and Jack B. Nitschke, "Uncertainty and Anticipation in Anxiety: An Integrated Neurobiological and Psychological Perspective," Nature Reviews Neuroscience 14, no.7 (2013): 488-501, https://www.ncbi.nlm.nih.gov/pmc/articles/PMC4276319/.

25. Michael Pompian, Behavioral Finance and Wealth Management: How to Build Invest1llent Strategies That

who-said-what-gets-measured-gets-managed.

11. Nicole Altman, "Philadelphia's Sears Tower," The PhillyHistory Blog, August 7, 2014, https://www.phillyhistory.org/blog/index.php/2 014/08/philadelphias-sears-tower/.

12. Poonam Kotulkar, Trupti Kshirsagar, and Aditi Vibhute, "Demolition of Structure Using Implosion Technology," IJRITCC 5, no. 3 (March 2017): 8-13.

13. Richard N. Foster, "Creative Disruption Whips through Corporate America," Standard & Poor's, Winter 2012; "Disruptive Forces in Europe: A Primer," Credit Suisse Equity Research, August 24,2017.

14. David Pierce, "iPhone Killer: The Secret History of the Apple Watch," Wired, April 2015, https://www.wired.com/2015/04/the-apple-watch/.

15. Fred Lambert, "Tesla Is Going to 'Kill' the Auto Industry with Elon Musk's Way of Thinking about Manufacturing, Says SpaceX CTO," electrek, May 5, 2017, https://electrek.co/2017/05/15/tesla-kill-auto-industry-elon-musk-manufacturing-spacex-cto/; Dana Hull, "Tesla Says It Received More Than 325,000 Model 3 Reservations," BloombergNews, April 7, 2016, https://www.bloomberg.com/news/articles/2016-04-07/tesla-says-model-3-pre-orders-surge-to-325-000-in-first-week.

16. Samuel J. Palmisano, "IBM's Transformation- from Survival to Success," Forbes, July 7, 2010, https://www.forbes.com/2010/07/07/ibm-transformation-lessons-leadership-managing-change.html.

17. Joseph L. Bower, "Sam Palmisano's Transformation of IBM," Harvard Business Review, January 20, 2012, https://hbr.org/2012/01/sam-palmisanos-transformation.html.

参考文献

1. Zachary D. Rymer, "Explaining Why the Bunt Is Foolish in Today's MLB," Bleacher Report, May 14, 2013, http://bleacherreport.com/articles/1639658-explaining-why-the-bunt-is-foolish-in-todays-mlb.

2. Randal S. Olson, Arend Hintze, Fred C. Dyer, David B. Knoester, and Christoph Adami, "Predator Confusion Is Sufficient to Evolve Swarming Behaviour," Journal of the Royal Society Interface 10, no. 85 (August 2013), http://rsif.royalsocietypublishing.org/content/10/85/20130305.

3. Jim Folaron, "The Evolution of Six Sigma," Six Sigma Forum Magazine 2, no. 4 August 2003, http://asq.org/pub/sixsigma/past/vol2_issue4/folaron.html.

4. "After Moore's Law," The Economist Technology Quarterly, March 12, 2 016, http://www.economist.com/technology-quarterly/2016-03-12/after-moores-law.

5. Singularity University, "An Exponential Primer," https://su.org/concepts/.

6. Bruce Greenwald and Steve Kahn, Competition Demystified: A Radically Simplified Approach to Business Strategy (New York: Portfolio, 2005).

7. Bansi Nagji and Geoff Tuff, "Managing Your Innovation Portfolio," Harvard Business Review, May 2012.（邦訳「イノベーション戦略の 70：20：10 の法則 資源配分の黄金比率」DIAMOND ハーバード・ビジネス・レビュー 2012 年 8 月号）

8. Gregory Ciotti, "Why Steve Jobs Didn't Listen to His Customers," Huffington Post, July 29, 2014, https://www.huffingtonpost.com/ gregory-ciotti/why-steve-jobs-didnt-list_b_5628355.html.

9. ナイトの論文は以下で閲覧可能。http://www.econlib.org/library/Knight/knRUP.html.

10. Cogit8R, "Who Said, 'What Gets Measured Gets Managed'?," https://athinkingperson.com/2012/12/02/

著者紹介

ジェフ・タフ (Geoff Tuff)

デロイト コンサルティングのプリンシパルで、イノベーションおよびアプライド・デザインのプラクティス担当上級リーダー。その前はデロイトのイノベーション・デザイン専門部隊 Doblinを率いた。デロイトによる買収前はモニター グループの上級パートナー兼世界全体の取締役会のメンバーであった。前身企業も含めてモニターに25年以上勤務した。

仕事の中心は、クライアントが事業を変革し、従来にない方法で成長し市場競争するのを支援することである。キャリアを通じてほぼどの業界にもコンサルタント業務を提供してきた。豊かな経験を活かし、業界の常識に固執するクライアントに、どのように状況が展開する可能性があるかに関する新たな知見を提供している。

問題解決への統合的アプローチで定評がある。分析と戦略に関する深い専門知識とデザイン思考に見られるアプローチへの自然志向とを組み合わせられる。イノベーションを通じた成長に関して活発な講演や執筆を行い、ハーバード・ビジネス・レビューなどさまざまな刊行物に寄稿している。ダートマス大学とハーバード・ビジネス・スクールで学位を取得。

スティーブン・ゴールドバッシュ (Steven Goldbach)

モニター デロイトのプリンシパルで、同社の最高戦略責任者。デロイトの米国エグゼクティブ・リーダーシップ・チームのメンバー。デロイト入社前はモニター グループのパートナーで、ニューヨーク・オフィスの統括責任者であった。

不確実性に直面した際に厳しくかつ現実的な戦略的選択を行うことで、経営幹部やそのチームが組織を変革するのを支援する。長年の間にモニター デロイトが開発し、活用した多様な戦略手法を構築したのみならず、その実践のエキスパート兼教師でもある。消費財、通信、メディア、ヘルスケアなど多様な業界にクライアントをもち、企業が厳格さと創造性を組み合わせて自らの将来を形成するのを支援している。

それ以前はフォーブスで戦略担当ディレクターであった。カナダのキングストンにあるクイーンズ大学およびコロンビア・ビジネス・スクールで学位を取得。

訳者紹介

藤井 剛　（ふじい・たけし）

パートナー

モニター デロイト ジャパンプラクティス リーダー

電機、自動車、航空、消費財、ヘルスケアなど幅広い業種の日本企業を対象とした、戦略、イノベーション、組織変革等において、約20年のコンサルティング経験を有する。

モニター デロイトのCSV／サステナビリティ戦略プラクティス、イノベーションプラクティス、デジタル戦略プラクティスを指揮。著書に『CSV 時代のイノベーション戦略』（ファーストプレス 2014年）、『SDGsが問いかける経営の未来』（日本経済新聞出版社 2018年）ほか共著、記事寄稿、セミナー講師等多数。

中村 真司　（なかむら・しんじ）

パートナー

モニター デロイト

食品、飲料、化粧品、トイレタリーなどの消費財メーカー、家電メーカー、小売企業に加え、総合商社、プライベートエクイティファンド等に対し、約20年のコンサルティング経験を有する。

シナリオプランニングに基づく全社長期戦略、海外事業戦略、マーケティング戦略、新規事業開発、M&Aなど、企業の成長にかかわる戦略立案プロジェクトを数多く手がけている。戦略を立案するだけではなく、実行支援、組織能力向上に関するサポートの経験も豊富。

ベストプラクティスを吹き飛ばせ

2019年12月10日 第1刷発行

◉著　者　ジェフ・タフ＋スティーブン・ゴールドバッシュ
◉訳　者　藤井 剛＋中村 真司
◉発行者　上坂 伸一
◉発行所　株式会社ファーストプレス
〒105-0003　東京都港区西新橋1-2-9 14F
電話 03-5532-5605（代表）
http://www.firstpress.co.jp

装丁　デザインワークショップジン
本文デザイン・DTP　株式会社オーウィン
印刷・製本　シナノ印刷株式会社

ISBN 978-4-86648-014-5